U0144077

扭轉仇恨值

5堂課教你放下厭惡情緒，
轉換成正能量

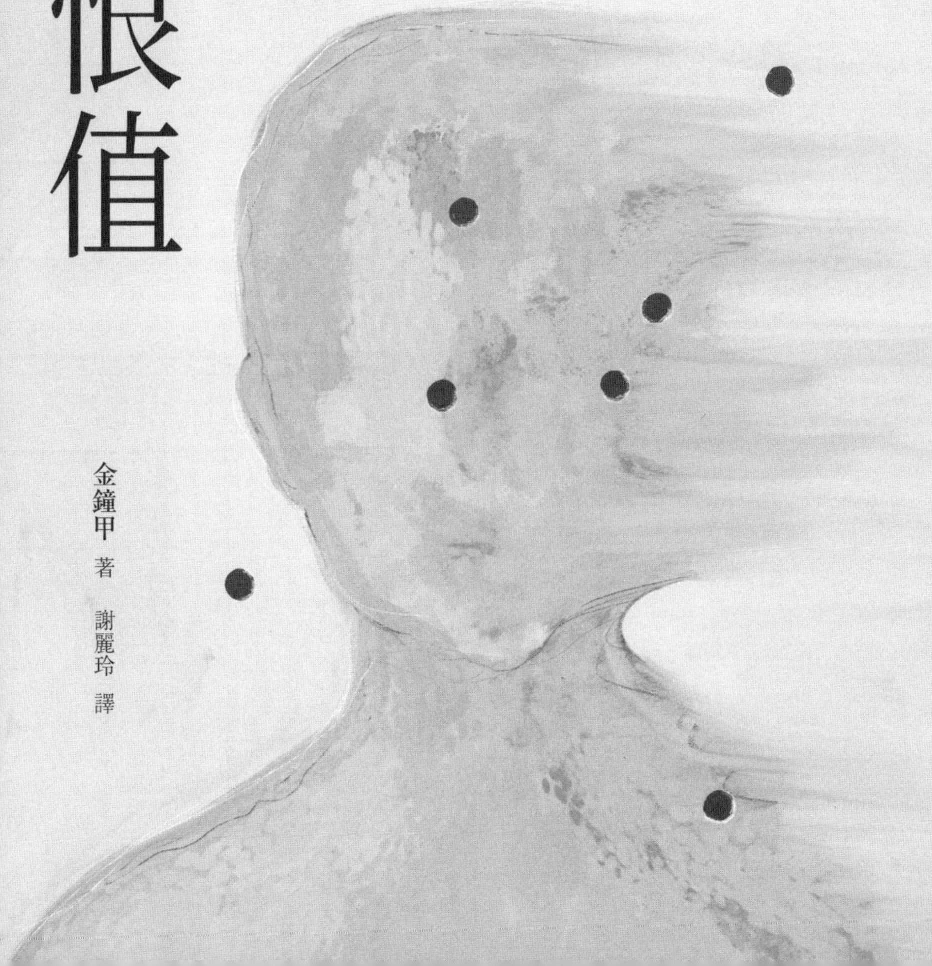

金鐘甲 著
謝麗玲 譯

目次

③ 仇恨和主體性

④ 女性仇恨，還有女性貶抑

⑤ 女性仇恨論戰：何謂女性仇恨

走進來

仇恨是審美的情感

二〇一九年底，從中國武漢爆發的COVID-19讓全世界天翻地覆，其中特別值得注意的是仇恨犯罪激增。可能有讀者會疑惑COVID-19和仇恨之間有什麼關係？關係很明確！人類是非常脆弱的生命體，稍有疏忽，就可能因為各種意外而陷入重大危險，沒有任何過失也可能突然感染到病毒，尤其是沒有聲音、沒有味道又沒有形體的傳染病，簡直束手無策。由於缺乏有效的處理對策，不安開始擴散，當不安的壓力逐漸累加到無法承受的程度時，就會以仇恨的方式爆發。所有的錯都是

「因為你」，如果沒有你，我們就不必遭受這樣的痛苦。這裡的「你」是所有痛苦的根源。中國是COVID-19發源地的事實，我們都清楚知道，但就算是謠言也無所謂，因為人們需要的只是可以辱罵和怨恨的對象，對於有這種想法的人來說，眼前這個令人討厭的亞洲人究竟是中國人還是韓國人，一點都不重要。他們不會費心確認並仔細檢查仇恨的對象，只要對方和仇恨對象有一點點的類似特質，那就夠了，因此仇恨會瞬間爆發。如果人類是不知道痛苦、疾病和死亡的強大生命體，就不會被這種仇恨和類似的情緒所影響。但是，人類極為脆弱，這種脆弱性導致我們對於威脅到生命和安全的對象做過度的防衛，這種過度的防衛就是仇恨，如果我仇恨某個人，其實就是「我是弱者」的證據。

COVID-19疫情下的美國，針對亞裔美國人的仇恨持續增加，受害者不限於中國裔，而是整個亞裔都成為仇恨的目標。二〇二一年，仇恨犯罪和前一年相比，增加百分之一百四十九。在巴爾的摩一間由韓國人經營的酒類專賣店，一對韓國姊妹被一名五十多歲的男子丟磚塊攻擊，還有一名韓裔老人遭到隨機攻擊，鼻骨碎裂，隨著情況日漸惡化，人們連出門都會感到害怕，甚至有不少韓國留學生結束在異鄉的生活，匆促返回韓國。

在人類的各種情感中，最可怕的就是仇恨，仇恨比憎恨可怕，因為仇恨是一種「不加思索」的情感。試著比較看看，某個人對你大喊「我仇恨你！」以及「我憎恨你！」。憎恨是有原因的，仇恨則是無緣無故。憎恨來自對方做了某個行為，是中國人讓COVID-19擴散到全世界的嗎？不是的，那只是偶發的事件，但是，那些仇恨中國人的人無意探究真相。我們有可能不知道自己為什麼會對某個事物產生仇恨，因為仇恨是本能地運作。

不幸的是，仇恨正在演變成一種時代性的情動（瞬間劇烈發生的情緒動搖）。仇恨是一種「隨機」、「沒有差別」的情感，仇恨的對象不重要，重要的是，不幸和不滿的壓力就像積壓在心裡的痰，是必須向外吐出的壓力。仇恨是可怕的情動，特徵是世間萬物都可恨和討厭，網路上的留言是最好的例子，粗暴的辱罵和赤裸裸的仇恨言語泛濫，人們現在對「仇恨社會」這個詞不再陌生，對於「地獄朝鮮！」的悲嗚也已經有免疫力。

在韓國這片狹小且資源稀缺的土地上，是名副其實的競爭社會，人們在誕生的那一刻，就聽到宣告競賽開始的槍聲，在永無止境的競爭接力賽中，匍匐前進變成行走，行走又變成奔跑，本以為進入好大學就能解脫，結果等在後面的是比升學更嚴峻的就業地獄，經歷了挫折和失敗之後，希望和期待消失殆盡，加入N拋世代。如果競爭是公平的，就不會有「金湯匙」和「泥湯匙」這些詞，輕蔑的朝鮮火半島、地獄半島等類似詞語也被不斷傳播。

不知從何時開始，仇恨衍生為仇女。仇恨貪汙腐化、派系鬥爭和既得利益者，這些還不足夠嗎？如果說對既得利益者的仇恨是多數人對少數人的反應，那麼仇女就是世界的一半人口對另一半人口的背離。

為什麼是仇恨，而不是憤怒呢？韓國詩人金洙暎在〈某一天離開古宮〉一詩中自問：「我為什麼只對微不足道的事情憤怒？」然後他自嘲：「不是對古宮／不是對古宮的道德敗壞／而是對五十元的排骨湯只有肥肉而憤怒／小心眼地憤怒，對著像豬一樣的湯飯館老闆娘辱罵／小心眼地說髒話。」他責備自己無法「正大光明地」憤怒，不敢對著有力量的人，而是選擇好欺侮的人來發洩怒氣。到底有多無能，才會在鐘路被打耳光，卻在漢江斜眼瞪人？

在鐘路被打耳光的話，應該向施暴者追究責任，當場抒發怒氣，這樣才不會留下後遺症，但是，無能的人只會踢無辜的狗，這麼做還不解氣的話，就會到漢江邊吐口水釋放怒氣。憎恨是吐出情感的口水，吞下甜的、吐出苦的是人的本能，萬一放到嘴裡的是垃圾，光是吐出來仍不夠，還要厭惡地「呸」一聲，然後揚長而去。

如果仇恨是生理性的，憤怒就是社會性的，不去追究對錯，就不會產生憤怒，憤怒是正義的觀念餵養出來的。但是，仇恨是原始的本能，亦即更接近動物性的情感，因此，我們無法和被仇恨控制的人講道理。我們會因為被歧視和不公平產生仇恨嗎？不會。我們會對歧視和不公平感到憤怒，憤怒的原因可以解釋，憤怒是可以溝通的情感，與仇恨大不相同。仇恨的嘴不是「嘴巴」，更接近於嘔吐的「出口」。如果憤怒無法用言語表達，就會變成仇恨，仇恨沒有「為什麼」或「原因」，仇恨的情感越是占主導地位，言語就越無力，並且拒絕溝通。

一直到一九八〇年代中期，主導韓國的情感是反抗和憤怒，反抗獨裁，高呼「以燃燒的渴望，民主主義啊萬歲」。若是沒有自由這個偉大的理由，就不會有對獨裁者的憤怒，如果仇恨是個人的情感，憤怒就是公共的情感。

從什麼時候開始，仇恨成為主導的情感？從什麼時候開始，沸騰的憤怒失去了言語？我認為是世越號災難。韓國人的情感地圖可以分為二〇一四年四月十六日之前和之後。當然，在這之前也有很多不合理的事情，但世越號災難過分到不可理解，以至於只能是令人失語的可怕事件，這個災難的時刻，是憤怒轉化為仇恨的時刻，是個人的仇恨情感變成社會情感的時刻。

每個人都會有仇恨的情感，但是，儘管我們有仇恨的感受，也不會成為報紙和廣播的報導題材，個人的情感不會侵入公共的空間，因為公共空間是討論對與錯的場所，而不是討論喜好與厭惡。然而，當人們對憤怒的論述感到不耐煩和厭倦時，仇恨感就會開始浮現。想想看，全國民眾必須透過直播觀看世越號沉沒的場面，人們不得不看著昨天還好好的人被困在船艙裡，動彈不得，直到死去，再看著他們的遺體被打撈的場面，但是，應該保護人民的政府卻置身事外！這麼可怕的事件怎能不成為集體的創傷？憤怒怎麼可能不變成仇恨？

世人記得一九九一年三月美國洛杉磯的暴動，導火線是一名年輕黑人被警察毆打的影片，憤怒的黑人群眾「忍無可忍」，走上街頭參與暴動。和世越號的重大衝擊相比，羅德尼・金（Rodney King）事件看似微不足道，那麼，我們怎麼能夠「忍受」世越號的悲劇？怎麼能夠忍受一個無能卻堅硬、固執，面對各種批評不為所動的政府？人們沒有忍受，批評再批評，憤怒的言詞盡出，然而，如果什麼事都沒有改變，最終我們會對批評感到厭惡。

人類是說話的動物，在採取行動之前會先用話語來理論。當情感受到傷害時，我們會嚇唬對方說「你死定了」，但不是揮拳，而是指出錯誤並爭辯是非，當情緒更激動時，會威脅要殺了對方。當然，即使說「你死定了」，對方也不會真的死掉，然而，這並非沒有任何效果，對方的行為或多或少會有改變，如果毫無改變，人們會說「說也沒用」。如果明確指出錯誤，對方擺明不願道歉，始終堅持己見，那又會如何呢？

仇恨所產生的最大危險，在於使語言變得沒有意義，我們甚至討厭想到那些刺激我們恨意的對象，思考的缺席正是語言的缺席，當語言走到死巷子的盡頭，仇恨開始產生。在這一點上，仇恨的語言不是言詞，而是更接近反射性發出的「噁」或「呸」等本能的叫喊，如同吐痰的聲音。俗話說避開狗大便不是因為害怕，而是怕髒，哪裡有人會和狗講道理！我們甚至不想和仇恨的人搭話。

在這一點上，仇恨是將對方動物化的情感，將對方視為和我有本質上不同的他者、劣等的他者、動物性的他者。然而，同情、憐憫和愛的視角，能夠將曾經被我們動物化的他者，重新人格化。本書有一個章節探討狗肉湯如何變成仇恨食物，然後又回歸傳統食品的過程。對補身湯烙上仇恨的印記，曾經引起國民的反感和憤怒。我們不應該以仇恨來回應仇恨，而是要以憤怒來抵抗並顛覆仇恨的結構。

俗話說：「三個人要把一個好好的人變成傻瓜，易如反掌。」言語具有實際效果，說出「銀杏葉黃了」，並不會讓銀杏葉變色，但是，如果吐口水說出「你很討厭」，對方就會開始變得令人討厭。仇恨的本質就是塑造仇恨的對象，「你很討厭」就是宣告不想再交談。

沒有人原本就令人討厭，討厭不是天生的，而是像商品一樣被製造出來的，在這一點上，仇恨和「原來」是矛盾的形容。仇恨源自於那些討厭並怨恨少數他者的人們。

為什麼會仇恨特定的個人或團體呢？當人們擁有同等的權力和權利時，仇恨不會發生。擁有者和匱乏者、主體和他者、多數和少數、強者和弱者、美麗和醜陋、權力者和無權力者，兩者之間的差異產生了仇恨。仇恨來自前者對後者的優越感。主體藉由自己不是可恨的他者這個事實，來確認自己的主體性，並且得到心理滿足。總之，自己和可恨的他者不一樣。

人們越是仇恨他者，越是強調自己和他者的差異，下意識中越覺得有利益，也就是藉由犧牲他人來收穫戰利品。把他者變成動物，自己就變得更有人性；把他者變得肉體化，自己的精神面就越崇高。「不見自己眼中的梁木，卻見他人眼中的微塵」，這句諺語體現了這種他者化的邏輯，很難有更好的比喻。

嚴格來說，沒有人不可恨。人類需要吃喝、排泄，會生病和老化，死亡後腐化，歸於塵土，與疾病、死亡和腐化有關的事物，都會成為厭惡的對象。然而，除非是神，世間上沒有任何人能夠逃脫死亡的必然。但是，人們可以將死亡和腐化的事實投射到他者身上。想想看印度種姓制度中不可接觸的賤民，像婆羅門這樣的階層，不小心和賤民擦身而過，都認為會被感染，因此要進行淨化儀式。

在所有會死亡和腐化的動物中，人類的死亡和腐化最令人厭惡。我們不會厭惡和自己非常不同或者毫無關係的事物，因此人的糞便比狗或牛的糞便更令人厭惡。從膿腫流出的膿和血之中，還有什麼像人類身上流出的那麼噁心和討厭的？從這一點來看，我們仇恨他者，不是因為他們和我們不同，而是相似。仇恨是物以類聚，如果他者和我們不是同一類，我們就無法將死亡投射到他者身上，以藉此減輕自己對這種命運的恐懼。

人們為什麼會試圖逃避自己會死亡和腐化的事實呢？我們不能坦然接受嗎？不會仇恨死亡和腐化的人，也不會仇恨他者。若是承認自己眼中的微塵，就沒有必要將他者的微塵放大為梁木。

仇恨的本質是他者化，我們將有利益的事物同化並主體化，變成自己的東西，對於不利的事物則異化和客體化。吸引我的、想要的是美麗的，想要遠遠推開、眼不見為淨的是厭惡的，覺得外國人會威脅到自己的幸福，會成為仇外者；覺得女性會威脅到自己的幸福，會成為仇女者。

在男性霸權的社會中，女性很容易成為仇恨的對象，女人成為一種實體，象徵所有男人不想成為的負面價值，如果男人是不朽的靈魂，女人就是腐化的肉體；如果男人是合理的理性，女人就是不合理的情感和慾望。因此，即使是男人誘惑女人，也要推說是被女人誘惑，以合理化自己的行為。

發生集體仇恨的情況，總是有權力者對無權力者、多數對少數的專橫和暴力，這就是仇恨的政治性，仇恨食物或仇恨犯罪都反映了這種政治性力學，仇恨食物是那些自認為文明的人創造出來的，目的是區分自己和其他不文明人的人。沒有權力暴力或腐化的地方，也不會有仇恨犯罪，權力化的暴力將其他沒有從權力中受益的暴力，定調為仇恨犯罪，藉由這種他者化來使自己的暴力成為特權。

討論仇恨的必要性在於仇恨的政治性，我們必須譴責和批判那些製造並散播仇恨，藉由散播來強化並維護自己的利益、快樂和權力的人們。為了展望未來的烏托邦，這種討論是必要的。美麗和仇恨、生與死是不可分割的搭檔，然而，在擁有前者的人以及後者的人之間，權力被不公平地分配。真正美好的社會是，每個人都能公平地分擔各自的疾病、死亡和腐化。

人們在辱罵沾有糞便的狗時，會產生自己身上沒有糞便的感覺（幻想），這是藉由將厭惡的東西投射到他者身上，來享受自己是卓越且乾淨的幻想。仇視政治的人會認為自己在道德上遠遠超越政治人物，而仇女者擁有自己本質上比女性優越的觀念，從這一點來看，仇恨有自我淨化的淨化作用。

仇恨主要是維持生命的本能機制，將有害的異物排出體外。有趣的是，這種仇恨的本能很容易演變成社會性、政治性的情感，用於排除和自己不一樣的他者。如果不排除和自己不一樣的他者，情感的鬱結就無法紓解，從這一點來看，沒有原本就可恨的事物，而是被變成可恨的對象，仇恨食物就是其中一例。那麼，汙名[1]和仇女又是什麼呢？

仇恨是多數人貶低少數人，擁有者貶低匱乏者，強者貶低弱者，從而鞏固自身的社會性主體，從本質上來說是政治性的。多數人把好的東西視為自己的，把討厭的東西視為別人的，仇恨便開始萌芽。世上令人反感的事物何其多！死亡、腐化、醜陋、痛苦、衰老、疾病等，數不勝數，人們甚至討厭去想這些惡事，若是和我們完全沒有關係，那該有多好！就像光能趕走黑暗，如果能將世上的惡和醜清除乾淨……所有人都懷有這樣的願望，就像藝術家雕塑石頭創作作品那樣，人們也希望能讓世界更正義和善良，但是，有人會屈服於誘惑將自己的穢物和垃圾丟到別人家門前，也有人不是試圖改變世界，而是藉由仇恨他者來圖謀自己的幸福。我認為就像快樂和悲傷一樣，仇恨也是一種情動的能量，我相信仇恨的能量可以轉化為改變世界的能量，如果沒有這樣的信念，我不會寫下這本書。

1 古希臘時期對於奴隸、犯罪、叛徒、精神異常者等，具有道德爭議或者身體上有缺陷的人，會加上從外表可見的印記。社會心理學者厄文・高夫曼（Erving Goffman）提出汙名（stigma）一詞，用於指稱臭名、缺陷、瑕疵、不名譽、恥辱等，種種不符合人們所期待的特徵。

① 所謂的仇恨是什麼？

生物學的生與死，生成與滅亡

仇恨研究學者在向大眾演講時，為了讓聽眾切身感受這個主題，經常運用以下的思考實驗。學者會先問：「什麼事令人厭惡？」以及「為什麼會是厭惡的？」然後要求聽眾和他做一樣的動作，首先，累積口中的唾液，然後吞下，觀眾做了同樣的動作，原本還期待有什麼特別的事情，所以不免露出失望的表情。學者不慌不忙地從背包拿出一個玻璃杯，一個閃閃發光的乾淨玻璃杯，接著再次在口中累積唾液，但這一次不是吞下，而是「吐」進杯子裡。吐口水！面對驚訝、不悅且竊竊私語的聽眾，他詢問：「各位喝得下去杯子裡的口水嗎？」

問題的核心非常簡單，不論是第一次還是第二次，都是來自口中的唾液，那麼，為什麼被要求喝掉吐在杯子裡的口水時會覺得厭惡呢？就算是能輪流喝同一杯酒的人們，要他們吞下杯子裡的口水時也會臉色發青。對於別人的口水感到噁心是理所當然的，但是，為什麼我們也會厭惡自己的口水呢？

可能的解釋之一是人類學者瑪麗・道格拉斯（Mary Douglas）在《潔淨與危險》（*Purity and Danger*）一書中提出的觀點。「神聖（sacred）」一詞的拉丁語源是「sacer」，也有「區分」的意思，被分離和區分的事物變得神聖，所有文化都會區分乾淨和骯髒、允許和禁止、人類的和動物的、內和外，沒有這些劃分和分類的話，社會秩序就難以建立。如果一邊是世俗的，從中分離和區分的另一邊就是神聖的，混淆或違反這種分類的行為會成為仇恨的對象，換句話說，如果沒有分離和區分這種文化性的行為，就不會有仇恨。道格拉斯主張，沒有東西是本質上骯髒或令人厭惡的，醬料碟裡的辣椒醬看起來很美味，但嘴邊的辣椒醬讓人覺得噁心；餐桌上的麵包看起來可口，掉在地板上的麵包變得不乾淨，即使地板比餐桌乾淨也是一樣。我們在臥室裡脫下衣物然後上床睡覺，但試著想像一下在廣場正中央脫下衣物的情景；我們體內有食物殘渣，一旦排出體外就變成噁心的嘔吐物或糞便；口水也一樣，原本在口中的唾液一旦吐出，就產生不乾淨的感覺。

分離和區分的類別可以無限擴展，即便如此，最基本的仍然是生與死、主體與他者的區分，由於死亡是我們最想避免的致命事件，就算沒有直接的關聯，只要有一點點能讓人聯想到死亡，都會令人厭惡，相反的，對生命和健康有益的則帶來快樂。口中的唾液被認為是「活的」，一旦離開了身體，就變成「死的」，口中的唾液是我的一部分，一旦被吐到杯子裡，就變成他者的，這不正是我所發生的是浪漫，別人所發生的是外遇嗎？

自然科學家查爾斯・達爾文（Charles Darwin）在具有里程碑意義的《人與動物的情感表達》（*The Expression of the Emotions in Man and Animals*）一書中，以個人的經歷說明這種內與外的差異。達爾文曾住在一個名為「Tiera del Fuego」的原住民部落，有一天他正在吃牛排，在他身邊的一名印第安人因為牛排看起來很新奇，伸出手指戳了戳肉片，達爾文瞬間感到厭惡，儘管他知道那個人的手非常乾淨，卻無法擺脫不乾淨的感受。即使是用自己骯髒的手去摸那塊肉，可能都不會有這麼強烈的反感，不為別的，只因為那是他者的手，所以產生了厭惡。然而，就在他感到厭惡的那一刻，他同時也捕捉到那名印第安人臉上掠過一絲嫌惡的表情，這名印第安人認為以西洋方式料理的這塊肉是不潔的，對他來說是他者的牛排。

能夠區分「他者的」和「我的」是什麼呢？再次來看唾液的例子。當唾液在口中時，是活的、溫暖的，在離開身體的瞬間，就變成死的、冷的唾液，那個曾經是我生命一部分的唾液就像落葉從我身上脫落。如果我的東西是生存，那麼不屬於我的東西、對我來說的他者，就是死亡。在掉落到地板上的口水中，我看到了我的一個小死亡，即使將杯子裡的唾液加熱到三十六度的體溫也是一樣，對我來說仍只不過是分泌物。在我體內時，是新陳代謝的過程，是生命的作用，糞便也與這種新陳代謝有關，吃下的美味食物在分解的過程中形成殘渣，以便身體可以吸收，如果食物沒有被分解，人們就得不到生命所需要的能量，為了我的生存，我的身體正在進行消化，令人感激。然而，在從我身體中排出的瞬間，就變成了形同他者的分泌物。

如果分泌物消失得無影無蹤，只是與我無關的他者，那麼就不會引起厭惡。厭惡來自於被他者化的分泌物有可能重新回到我身上，這就是糞坑和沖水馬桶的區別，沖水馬桶裡沒有任何排泄物的痕跡，而糞坑裡的排泄物沒有消失，仍然留在我的附近，一不小心就可能回到我身上，街道上的糞便之所以令人厭惡，就是因為會有誤踩的危險。

不是只有排出體外的殘渣和死亡這個他者有關，也不是只有生命會死亡，自己的主體性、尊嚴和名譽都可能被踐踏或消失。每個人都有自我理想，認為自己應該是怎麼樣的存在，「活著卻像死了」、「沒有夢想的人如同死去一般」等說法，指的是自我主體性的死亡，和現實妥協的世俗生活，感覺就像自我的死亡，即使肉體還活著，也有可能覺得自己的身體滿是惡臭，陷入自我仇恨之中。還有什麼事比得上像殭屍一樣發出惡臭，更令人厭惡呢？

美麗的生活和醜陋的生活，樂活和仇恨

對於生命來說，死亡不是唯一的他者，我們追求的不是動物般的生活，而是幸福、有人性和美麗的生活，然而，疾病和衰老是生命中無可避免的一部分，當下的我可能痛苦地臥病在床或者形容憔悴，儘管如此，在我的意念中自己並沒有患病，外貌也不醜陋，這可以說是我以意志和渴望來反抗並對抗死亡的力量，以維持美麗的自我形象。每個人都擁有對自我的理想形象，如果美麗是我，醜陋就是他者；年輕又健康的身體是我，皺紋、斑點和腹部脂肪就屬於他者；我的是身體，他者的應該是肉體；如果前者是我的理想形象，後者就是平庸現實中的皮囊。

然而，令人遺憾的是，現實總是與理想形象不一致，疾病、痛苦、白髮、腹部脂肪和死亡，這些侵蝕我理想形象的力量正威脅著我，即使屈服於這樣的力量，外貌變得衰老和醜惡，我們對於理想形象的堅持也不會改變。因此，現實的我和理想的我之間，可能出現巨大的裂縫，而自我仇恨的根就在這個裂縫中萌芽。我不是我想像中的我，《化身博士》（*The Strange Case of Dr. Jekyll and Mr. Hyde*）中受到尊敬的傑奇博士變成人們所迴避的醜陋海德；《道林．格雷的畫像》（*The Picture of Dorian Gray*）中道林．格雷的肖像變成令人嫌惡的老頭，這時候，本該朝向他者的仇恨感有可能轉向自己。

在最初始的階段，仇恨感來自於抗拒那些會妨礙或破壞生命延續的他者，吸收有助於生命延續的事物，並將不利的排除到體外，是每個人都有的傾向。然而，由於生命不是一個完整的實體，而是偶發並持續改變的過程，於是人們在不知不覺中發現自己被仇恨所捉住，我和他者的界限就像液體一樣流動且動盪，是不穩定的。

當生命暴露於死亡之下，我的主體性也可能在他者的侵入下虛無地崩塌，在這個時候，威脅到生命延續，或者想像中所有可能造成威脅的事物，都會引起仇恨感。仇恨是本能上厭惡死亡、腐化和疾病，是對威脅到理想自我的事物的抗拒，仇恨感不僅是為了生命延續的機能，也是維繫自我主體性的機能，此時的自我仇恨是針對內在他者（無能的自我）的仇恨感。

自我仇恨聽起來很矛盾。仇恨自己！怎麼可能活著卻仇恨自己呢？我們有避開令人厭惡事物的本能傾向，那麼，如何才能在不死的情況下逃避自己？為了能夠在不死的情況下逃避自己，因此產生了仇恨他者，而這樣的仇恨他者可能在文化中占有一席之地。西方的歷史已經顯示，自我仇恨不是異例的現象，而是文化的一部分。

西方文化的兩大支柱是古希臘宗教和基督教，雖然是兩個，也可說是一個，因為這兩個不同支派的傳統，在羅馬時代統合而為一。使徒保羅（The Apostle Paul）是精通古希臘宗教的學者，而歐利根（Origen）等早期的哲學教父也為了掌握柏拉圖（Plato）的哲學，閱讀並解釋《聖經》（*Bible*）。多瑪斯・阿奎那（Thomas Aquinas）為了系統性地理解《聖經》，活用亞里斯多德（Aristotle）的學說。如果忽略這種影響關係，很容易忽視古希臘宗教和基督教核心中存在自我仇恨這一事實。

古希臘宗教和基督教文化否定真實的人性，拒絕看得見的現象，並在看不見的本質中尋找人性。若說柏拉圖的「理型論」是自我仇恨理論也不為過，身為一個凝視天上的星座、思考宇宙的法則和原理的人類，他無法坦然接受自己吃飯、排泄、性交，和動物沒什麼兩樣這個事實。如果只以這些活動來判斷，人和動物之間並沒有差別，人就像動物一樣是令人厭惡的存在。對柏拉圖來說，理想的人是鄙視和仇恨自我的動物性，亦即肉體上的慾望，越能遠離食慾和色慾的枷鎖，就越能躍升為神聖的存在，若是鍛鍊觀照並思考理性，則成為理性的人；反之，如果不這樣做，沉迷於吃喝等事物，則退化為與動物無異。他也相信輪迴說，一生都在追求真理的哲學者，死後將從肉體的牢獄中解脫，成為純粹的理性（Logos），至於未能擺脫食慾和色慾枷鎖的人，死後將投胎為猴子或豬等動物。

基督教的世界觀是悲劇性的，原本美麗又完美的亞當和夏娃，在伊甸園裡吃了禁果而犯罪，靈魂被囚禁在醜陋的肉體中。伊甸園是一個沒有虛假和欺騙、疾病和衰老，也沒有死亡的無汙染空間。然而，在違逆上帝的那一刻，亞當和夏娃的身體變成能感受死亡和痛苦、醜惡和邪惡，永遠閃耀的美麗身體被黑暗和邪惡汙染而老去，最終必須死亡，不只如此，屍體腐爛後還成為蛆蟲的食物。一個信仰上帝的人，怎麼可能把如此墮落的肉體和自我相提並論呢？必須在靈魂墮落前尋找自我的本質。被罪惡和慾望汙染的肉體必須被憎恨，並且尋求淨化，否則無法生存。歐利根主張，從罪惡中完全淨化的人，會昇華為純淨的靈魂。

就這樣，西方的思想和宗教認為人類必得否定並仇恨自己的肉體，才能實現完美的自我，生病、腐化、走向腐爛的身體是靈魂的他者，只不過是惡。此時，自發的自我虐待和痛苦成為淨化自己的方法，中世紀的修道士不吃有油脂的食物，用鞭子抽打身體，在荊棘叢中打滾，穿著帶刺的衣服，都是出於這個原因。為了得救，與其親吻美女的甜蜜雙唇，不如忍受被火焚燒的痛苦，就這樣，否定並仇恨肉體的文化孕育了仇恨女性的文化。

即便是傳奇的亞馬遜族，也有這樣的自我仇恨文化。以果敢和勇猛而聞名的亞馬遜戰士，對於妨礙戰鬥的肉體弱點，展現了強烈的反感，「亞馬遜」這個名字的起源足可證明。這個詞的起源有兩種說法，一個是「沒有胸部的女人」（amazos），另一個是「不吃麵包的人」（amazas）。值得注意的是這兩個詞都有「a」這個前綴字，因為它具有削弱肉體或者去除肉體脆弱部分之意。據說藉由去除妨礙射箭的左乳，或者禁食會讓身體虛弱的麵包，就得以維持強壯的身體。德國社會學家克勞斯．特韋利特（Klaus Theweleit）在《男性幻想》一書中指出，這種對鋼鐵般堅硬身體的渴望，可說是男性幻想的核心。

〈完成狩獵的亞馬遜人〉（約1871年）

戰士的身體

亞馬遜戰士部落由女性組成，這個名字的起源有兩種説法。一種是「沒有乳房的女人」，即「a-mazos」（無乳），據説亞馬遜戰士因為左乳會阻礙射箭，幼年時就用火烫平，也有人説，她們在左乳上壓板子，使之看起來平坦。另一種説法是「a-mazas」（不吃麵包的人），因為她們認為麵包會讓身體虛弱，所以只食用富含蛋白質和維生素的海鮮、水果和肉類，麵包則給男性奴隸。

自我仇恨的信徒們

托馬斯・愛德華・勞倫斯（T. E. Lawrence）是什麼人？一九六二年的電影《阿拉伯的勞倫斯》（*Lawrence of Arabia*）的主角原型讓他廣為人知，他是英國劍橋大學（University of Cambridge）成績優異的畢業生、傑出的考古學者，也是極為英勇的軍人。對大眾來說，他是縱橫沙漠為阿拉伯獨立戰爭做出巨大貢獻的人物，曾經九次遭受槍傷、經歷三十三次骨折，並且七次在飛機事故中倖存的超人，最讓人驚奇的是，即使經歷種種挑戰和困難，他也從未屈服，總是展現堅強的意志，被視為失落時代的最後一位英雄。他也是一個完美主義者，完美主義讓他極度仇恨自己的身體。

從小就很固執且意志堅強的勞倫斯，仇恨和蔑視自己的身體，對他來說，身體是容易生病、無法忍受輕微痛苦的脆弱肉體，為了克服這種肉體的限制和脆弱，他不斷磨練和鍛鍊自己，如果無法指揮並控制自己的身體，他的心裡就不得安寧，他可以忍受幾天幾夜不吃不喝，只為了創造在極度痛苦中也無動於衷的身體，軟弱的肉體必須變成鋼鐵般的身體。他在自傳《智慧的七柱》（*Seven Pillars of Wisdom*）中清楚地呈現他對身體的仇恨，有一次他因為生病在野戰床上躺了十天，針對這件事他描述說：「那是一種屈辱，直到能夠隱藏這種恥辱之前，我的動物性自我必須待在角落。」超人般的意志和英雄般的行為，是他為了擺脫自我仇恨的極端方法。

勞倫斯為什麼仇恨自己的身體？任何人都必須吃、喝、快樂、悲傷，然後變老，最終死亡，這就是人類，除非是神，誰都無法擺脫生老病死的循環。因為身體，我們會感到疲累，會感染疾病，但也因為有了身體，能夠在沙漠中奔馳，展開游擊戰，健康與疾病、緊張與放鬆、強硬與柔弱、生與死不可分離。然而，勞倫斯卻仇恨後者，對他來說，柔軟和脆弱是女性的特質。他也厭惡和女性的性接觸，部分原因可以追溯到他的童年時期，他的父親是一個已婚並有四個女兒的貴族，和當時的女僕私奔，並且生下他。兩人所生的孩子在法律上是私生子，這個原因讓本來就是加爾文教徒、嚴格禁慾主義者的母親，對子女更嚴格管教。她遠離了親切又溫暖的慈母形象，對懲罰不守規矩的孩子毫不手軟，固執又不肯屈服的勞倫斯受到很多嚴厲的懲罰，但是不管他有多痛苦，都不曾流淚或請求寬恕，因為他認為屈服於肉體之痛形同屈服於不義的暴力，對他而言，身體必須成為保護自己意志的盔甲和盾牌。

如果他的母親溫暖又慈祥，勞倫斯會仇恨自己的身體嗎？他還會覺得生病躺在床上的自己宛如得病的動物嗎？每個人在童年時期都會經歷大大小小的病痛，都應該感受過母親依偎在身旁，用警覺的眼神照護，以及撫摸著我們的手。韓國小學國語課本中有一篇〈媽媽的手是藥手〉的短文，內容是媽媽用手按摩肚子痛的孩子，孩子不知不覺中就不痛了並且入睡，這樣的照護讓母子間的感情更深厚，病弱的孩子因此會獨占父母的愛和關心。我們跌倒時會流血、會瘀青，正說明暴露於外部環境中的我們有多脆弱，然而，正因為是脆弱的存在，所以我們得到父母和鄰居的溫暖關懷和照顧，如果我們的身體像機器人一樣堅固，不受任何外部影響的話，鄰居就沒有理由掛念或擔心我們。讓勞倫斯感到羞愧的身體脆弱性，正是我們受到關懷和照顧的理由，容易受傷、容易生病的身體，意味著我們不是內向且封閉的存在，而是向他者敞開的存在。

勞倫斯的自我仇恨是西洋文化和傳統的延續，我們若是沒有這樣的自我仇恨，就不會排斥慾望，也不會試圖在靈魂和思辨中尋找自我的本質。我們可能會認為自己是自由的，但我們其實在時間和空間上都受到限制，即使是以為自己能在天空中飛翔的瞬間，身體仍然牢牢繫於大地，特別是自尊心強的勞倫斯，他不願意承認自己是這種不完美的存在，對他來說，身體意味著不自由和限制、疾病和死亡。

法國哲學者尚－保羅．沙特（Jean-Paul Sartre）比勞倫斯晚約二十年出生，他也厭惡自己的身體。在二十世紀，沒有人像他那樣同時擁有大眾知名度、社會權威與

出自電影《阿拉伯的勞倫斯》

阿拉伯民族運動的開創者，「阿拉伯的勞倫斯」

勞倫斯從小就喜歡獨自看書和思考，孤立的阿拉伯讓他感到平靜。為了寫畢業論文，他參加大英博物館的幼發拉底河遠征隊，多次前往阿拉伯半島。第一次世界大戰爆發時，他很自然地被派遣到美索不達米亞地區。當大英帝國支持阿拉伯聯盟，攻擊與德國結盟的土耳其時，勞倫斯穿著阿拉伯人的衣服，站在阿拉伯沙漠的最前線。

政治影響力，他在一九六四年獲選為諾貝爾獎得主，卻拒絕受獎，因為不想被所謂的諾貝爾獎制度所拘束。這和他仇恨自己的身體不無關係，身為《存在與虛無》、《自由之路》的作者，自由是他畢生的追求，不幸的是，對他來說，自由的本質就是虛無，對他來說，所有的事物不過是限制和束縛自由的枷鎖，他甚至聲稱比起有父親，沒有父親更好，他認為以遺腹子出生是莫大的幸運和特權，並且感到驕傲，但是，還有什麼事物能像身體這樣束縛我們的自由呢？

《嘔吐》是沙特最普及的作品，嘔吐是厭惡的極端表現，嘔吐的表情並不好看，臉變得通紅且膨脹，進入食道的食物逆流回來，從口中噴出。他看到了什麼而引發嘔吐？他厭惡身上的肉，那些像肚子上的贅肉或皺紋，軟塌塌、不必要、不成形體，只會破壞我們理想形象的肉，無關我們的意志或思考，肉會像麵包一樣隨意膨脹，會形成皺摺，也會腐化，是物質的過剩和慣性，也是混亂，所有存在的事物都暴露在這種物質的混亂中，曾經好看又美味的食物，進入口中又再次出來時，已經變成黏糊糊、五顏六色的異物，廚師做出來的形狀（形體）消失，食物變成一團混亂的肉。

《嘔吐》中有一個場面，描述主角羅岡丹凝視自己的手。

我看著桌子上自己的手。手是活的——那是我。張開手，手指顯得尖細。手掌朝上，看到掌上的肥肉。手指就像野獸的腳。就像翻身後的蟹腳，我快速移動手指，享受著。螃蟹死了，蟹腳蜷縮，在掌心聚攏。我看著指甲——那是我身上唯一不是活著的地方。然後，我再次翻手，手掌朝下。現在看到了手背，微微發亮——如果指關節上沒有粗糙的毛，看起來就像魚。我感覺到我的手，那是我。在我手臂盡頭移動的兩隻野獸，我的手用一隻爪搔抓另一隻爪。我感受放在桌上、不屬於我的手的重量。長長的，重量感沒有消失，也沒有理由消失。漸漸變得無法忍受。

在這個段落中，羅岡丹突然目睹自己的手不像手，變成陌生又怪異的物體。用亞里斯多德的話來說，原本有形狀的手正在解構並分化為物質，手掌看起來像「肚皮」，手指看起來像野獸或螃蟹的腳，手背看起來像魚。當手被去除手的形狀，看起來就像異物，手背上的皺紋可能看起來像乾旱中裂開的田地，或者是魚的鱗片，這種陌生的感覺如果擴散，臉可能看起來像箱子，眼睛像黑洞，鼻子像蜂巢。如果人的形狀或意義沒有預先設定，人可能看起來像野獸、螃蟹或魚等，沒有固定形狀的怪異形體，於是，嘴巴不是說話的嘴巴，變成了動物的嘴。我們再來看《嘔吐》的其他段落。

在奇怪又強烈的感覺中，出現了某種神奇的事物。我明白了，那是嘔吐。我被嘔吐掌控了。老實說，當時我無法這麼明確地表達，但現在用言語來說明沒那麼難了，那就是偶然性。換句話說，存在不是必然，所謂的存在就只是在那裡。……領悟到這個事實的瞬間，胸口一陣翻騰，一切一擁而上。那正是嘔吐。

對羅岡丹來說，所有存在的事物都不是必然，而是偶然，不是有序且和諧，而是混沌。來看看皮膚吧，如果用顯微鏡看，皮膚不再是皮膚，那裡有毛囊、皮脂腺、汗腺、感覺神經元，還有神經束。此外還有毛髮，在身體的表面長出來的黑色樹木，像樹木一般也有根，根部固定在毛囊裡。一旦開始這麼看，皮膚就不再是皮膚，毛髮也不再是毛髮。這代表什麼意思呢？所謂的「我」這個存在主體不再是我，而是野獸的腳、分泌物、皺紋、肌肉、脂肪、血和骨頭，並且散發汗味、腳臭和臊味。

人類是思考的動物，但不只是思考，而是擁有血肉、器官、神經、骨骼所構成的身體在思考，這個身體不是鋼鐵般堅硬的身體，而是會生病和衰老的脆弱身體。當身體發高燒時，作為思考實體的我無法正常思考，對於認為自己應該是自由的存在個體的人來說，這種有限性和物質性所引起的憤怒，可能令人無法忍受，讓人們聯想到誕生與死亡的性接觸，也成為這種仇恨的對象，而女性化的事物尤其令人厭惡。《嘔吐》中有一個羅岡丹和餐廳女老闆有性接觸的場面，他咕噥著她的陰部散發汗穢的味道，「她帶著一抹憂鬱的微笑，類似從屍體中散發的紫丁香氣味，裙子裡面正慢慢腐爛。」對沙特來說，女性與其說是身體，更接近混亂的肉體。

勞倫斯和沙特是自我仇恨的極端例子。為什麼人們會厭惡自己呢？為什麼男人會厭惡女人呢？那些相信自己有靈魂、有理性的人，討厭自己擁有一個要吃、要喝和排泄的肉體，正如動物一樣的事實。戀人之間的親吻和性行為是美好的，但是對某些人來說，卻因為聯想到動物發情時的交配而皺眉頭。如果真理是永恆的，那麼，肉體相關的事物是瞬間且多變的，隨著時間消失得無影無蹤，肉體的事物只不過是真理的阻礙者，如果我們是純粹的靈魂，應該永不衰老，也不會死亡吧？基於這些原因，那些額頭寬廣、眼神深邃的哲學家鄙視並厭惡身體，勞倫斯有豐厚的哲學修養，他對於自己會生病感到羞愧，並且覺得像動物，也就不足為奇。

愛爾蘭詩人葉慈（W. B. Yeats）在〈航向拜占庭〉（*Sailing to Byzantium*）一詩巧妙地呈現消逝的肉體與永恆真理之間的對立，柯安兄弟（Coen brothers）在二〇〇八的電影《險路勿近》（*No Country for Old Men*）中引用這首詩的第一句，讓這首詩更聞名。年輕人就像產卵期的魚兒，沉浸在感官的快樂中，另一邊旁白的老年詩人只能羨慕這樣的青春。然而，就如夏天結束秋天便會來臨一樣，他也知道青春是短暫的事實。生命的循環就是出生、衰老並且死亡。沉浸在當下快樂中的年輕人不想去思考未來的死亡，旁白的老詩人站在死亡的門檻上，他所看的不是肉體的快樂，而是永不老去的靈魂世界。

擁抱的年輕戀人們，樹林中的鳥兒，
在河流中躍起的鮭魚，橫越大海的鯡魚群。
這些必須死去的生命
魚兒、野獸、鳥群，整個夏天
都在交配、誕生，然後沉醉於歌頌生命必將死亡，
被那感官性的音樂所迷惑
遺忘了永恆的智性世界。

正如〈航向拜占庭〉所述，人類是雙重性的存在，一方面是不死的靈魂，另一方面是必須死去的脆弱肉體，在兩者的衝突中產生了仇恨。在基督教中，這種衝突呈現為墮落的世俗身體、墮落前的純潔身體，兩種對立的面貌，當末日的審判號角響起時，亡者將從墳墓中起身，重生為永遠美麗的身體，如果不鄙視和仇恨世俗的身體，就無法獲得永恆的身體。

靈魂中心主義以仇恨肉體為手段，追求永恆生命的盈餘，正如中世紀的修道士，仇恨肉體也是一種生活方式。但是，沒有身體的情況下靈魂可能存在嗎？法國作家柏納·韋柏（Bernard Werber）的小說集《樹》中有一個有趣的短篇〈完美的隱遁者〉，展現沒有身體的靈魂樣貌。主角是不使用勞力，只須做思考和研究等知識活動的醫生古斯塔夫·魯布雷，他認為肉體不必要又麻煩，於是在先進科技幫助下，成功地從肉體的束縛中解脫，最終成為只需要思考的存在。他真的獲得完美的自由了嗎？並非如此，他只能思考，其他什麼事都做不了，例如，他想喝點東西，但是他沒有手去拿杯子，也沒有嘴去喝，他陷入了完美的不自由，完美的無能狀態。

我們既是身體，同時也擁有身體；我們既有身體，同時也做思考。此外，身體是讓思考成為可能的情境，身體是在世界的情境中，世界則是在宇宙的情境中。儘管被情境所束縛，人們仍然擁有從中解脫、自由生活的念頭，即使不能飛，仍然能想像飛翔，這是渴望不受自然法則束縛，按照自己的意願行為的自由。這種能夠按照自己的意願行事的渴望，離不開全能神的概念。全能神是永恆的存在，沒有限制和邊界，能力無窮無盡，祂說：「應該要有天空。」天空就被創造出來。然而，對我們來說，思考的自由並不代表存在（身體）的自由。我們可以想像不吃東西也能生存，但是如果真的不吃東西就會死亡，若是身體失去新陳代謝的功能，連這樣的想法都會被死亡所吞噬。

勞倫斯和沙特對自由的渴望極為矛盾，因為他們越是渴望自由，越是敏感地意識到自己並不自由；越是認為自己應當是靈魂，越是痛苦地意識到肉體的存在，要從這樣的痛苦中逃脫，就要讓肉體與自我的主體無關，將肉體變成會威脅自我完整性的他者。想一想那些潔癖症患者，他們越洗手，就越被可能不潔淨的不安所席捲，即使是掠過的微風也擔心可能有病菌，但是，完全潔淨的環境和完全潔淨的身體是不存在的，強迫症患者以不存在的潔淨渴望，厭惡自己的身體並且折磨自己。

他者仇恨：怨恨和討厭

大多數的辭典對仇恨的定義是「討厭和怨恨的情感」，但是，討厭的情感和怨恨的情感一樣嗎？還是不同的情緒呢？我認為是不同的，兩者的意義應當有清楚的區分。我認為要討論仇恨應該從明確區分「討厭」和「怨恨」的差異開始。

「討厭」和「怨恨」可對應到英文中的dislike和hate，這兩個英文字的差異並不明顯，相對來說，法文中的差異比較清楚，作為動詞的détester同時包含「討厭」和「怨恨」這兩個含意，但是作為名詞使用時，分別變成détestation和dégoût，前者是「怨恨的情感」，後者則是「討厭的情感」。與détestation不同的是，dégoût屬於偏好的範疇，想做或討厭做某件事，是個人的主觀情感，舉例來說，喜歡或討厭蘋果是偏好的問題，因此，我們不會說「我怨恨蘋果」。

「怨恨」的反義詞若是「愛」，「討厭」的反義詞就是「喜歡」。我可以喜歡或討厭蘋果，這個完全是個人口味的問題，不必說明喜歡或討厭的理由，除非蘋果曾經做出對我有益或有害的「行為」，我就可以說出我喜歡或討厭蘋果的理由。但是，蘋果只是物體，所以不會有行為，那麼，貓呢？貓可以有正確或錯誤的行為，所以，我不會怨恨蘋果，卻可能怨恨到廚房偷吃魚的貓，同樣的，我也可以怨恨隨地大小便的小狗，這是因為出於各種原因，小狗對我造成了不利。

作為怨恨或討厭的對象，蘋果和小狗之間的差異，是存在和行為的差異，存在是美學的範疇，行為則是倫理學的範疇。換句話說，仇恨的原因可以是美學上的，也可以是倫理上的，這一點無論怎麼強調都不為過。行為能產生對我們有利或不利、有害或有益的結果，亦即能對我們產生正面或負面的影響，但是，並非所有的動作都是倫理的，從樹上掉落的葉子，或者《胡桃鉗》（*The Nutcracker*）芭蕾舞者的動作都屬於審美的範疇，這些動作和我們沒有直接的利害關係，所以我們可以保持距離，中立地觀看或欣賞，然而，如果音樂廳中鄰座的聽眾不斷和朋友聊天，就變成令人不悅的行為，這時，我們會怨恨那些妨害我們專注的人。

仇恨可以區分為審美反應上的討厭，以及倫理反應上的怨恨。仇恨的對象可能只是不喜歡，也可能出於各種理由而怨恨，因此，我們有必要問自己，仇恨對方只是因為討厭，或者是怨恨。當然，怨恨某個事物時，也可能同時討厭，此外，有可能無法明確地區分怨恨和討厭，或者之間的差異曖昧不明，這取決於情境。我同意這一點，但是在這本書中，我將保持怨恨是倫理上的判斷，討厭是審美判斷的區分。

讓我們以例子來看怨恨和討厭之間的差異。韓國小說家金昭晉的作品《處容斷章》描繪了夫妻之間的感情，小說中丈夫對妻子的感情變化有這樣的感受：「曾經是妻子不可抗拒的魅力，現在不知道為什麼令我如此反感。」主角徐永泰和妻子發生爭吵，妻子準確又合理的爭辯，以及無懈可擊的語調，在在令他嫌惡，但是，以前吸引他的不正是能言善道嗎？改變的不是妻子的語調，而是他對妻子的感情，過去他所喜歡的妻子的語調，現在變得令他煩躁不安。她的語調並沒有給他帶來什麼傷害，他不是怨恨妻子的行為，只是變得討厭妻子。

有一起真實發生的事件。一九八八年五月十三日，二十二歲的美國青年史提芬・卡爾（Stephen Carr），對著露營地一頂帳篷內正在親熱的女同性戀伴侶開槍，其中一人當場死亡，另一人重傷。他後來在法庭上辯稱，因為非常厭惡同性戀者的性行為，所以不自覺地開槍，她們沒有對他做出任何嘲笑或冒犯的行為，他就是仇恨同性戀。卡爾的律師指出，卡爾年輕時曾在少年感化裡被其他犯人性侵犯，導致對於同性戀的強烈仇恨，當時他必然憎恨和仇恨那名施暴者，但是他開槍射擊的女同性戀者並沒有直接傷害他，他只是非常討厭她們。

仇恨犯罪的原因往往不是怨恨，更多的情況是討厭，例如近年美國紐約所發生的一個事件。二〇一六年九月八日，一位三十多歲的白人女子攻擊兩名推著嬰兒車散步的阿拉伯裔女性，這兩名女性沒有對她做出任何需要反擊的行為，只因為她們是戴著頭巾的阿拉伯裔女性。這名犯罪者平常就時有仇視伊斯蘭的言論，施暴之前曾於臉書寫下：「戴頭巾的女人都該下地獄！」她就是討厭伊斯蘭教徒。類似的仇恨犯罪層出不窮，二〇一六年六月十二日，美國佛羅里達州的一間同性戀夜店發生無差別恐怖槍擊，造成四十九名人員死亡、五十三名人員受傷，是一起非常殘暴的案件，凶手是一名平常就仇恨同性戀者的二十九歲青年。二〇一六年七月二十六日，一名青年闖入日本一間身障者機構，亂刀砍殺，造成十九名身障者死亡、二十六名輕重傷，犯人平常就時有仇視身障者的言論，他在犯罪後自首時還說：「我解決了那些傢伙。」

對於和自己不同的他者，要有多深的仇恨，才有可能去攻擊和孩子一起散步的陌生女子，闖入同性戀俱樂部開槍，以及對身障者揮刀呢？討厭他者的情感若是加深，就會變成憎恨和仇恨。對於不戴頭巾的白人女性來說，戴頭巾的女性成為仇恨的他者；對異性戀者、肢體健全的人來說，同性戀者和身障者成為仇恨的他者。這是單純因為對方與自己不同，所以產生了他者仇恨。

② 仇恨是怎麼產生的？

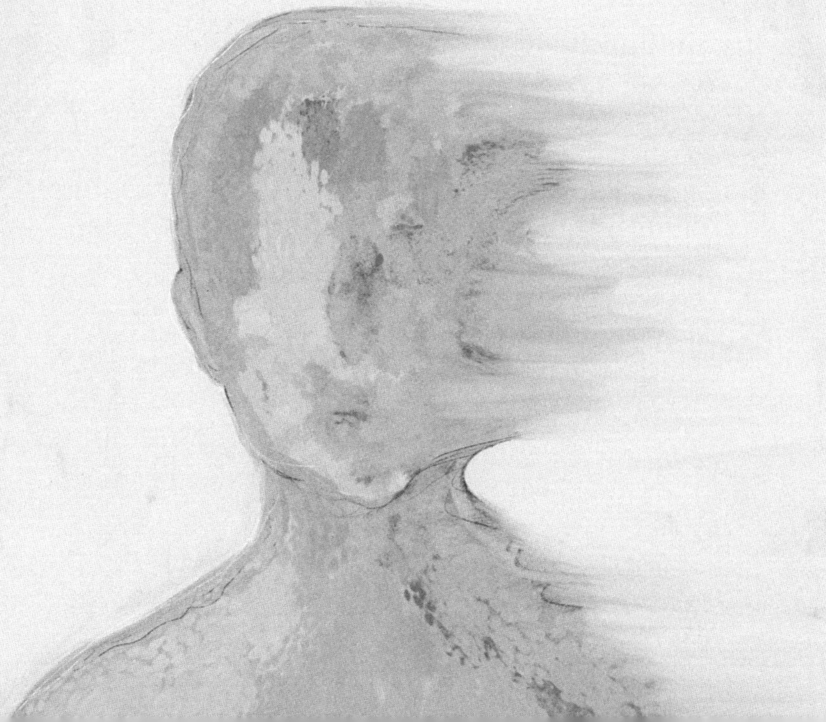

偏好沒有理由，如果我討厭蘋果，不必然要有什麼理由，只是不合我的口味。我們也有可能討厭同性戀者、身障者或外國人，沒有什麼特別的個人理由，就是討厭。然而，這種討厭的情感不是天生的，可能是後天培養出來的。社會學家馬克思（Karl Marx）曾經主張「感覺也有歷史」，例如，對女同性戀者開槍的那名青年，過去如果沒有遭受同性的性侵犯創傷，可能就不會將同性戀者視為仇恨的他者；攻擊戴頭巾女性的白人女子，也不是從出生開始就討厭伊斯蘭教徒，而是成長的環境和往來的朋友讓她成為伊斯蘭仇恨者，想想看，如果她小時候曾經有阿拉伯朋友，她對伊斯蘭的情感和態度可能有所不同。因此，偏好和感覺都有歷史，他者不是天生的，而是被塑造成為他者。

針對外國人或身障者等他者的仇恨情感都有跡可循，那麼，看似和歷史無關的飲食偏好如何呢？「仇恨食物」這個字經常和仇恨連結。對食物的仇恨不是倫理上的情感，而是審美上的情感，讓我們產生抗拒的食物就是「仇恨食物」，而且不會止於不想吃的消極反應，更會誘發完全不想看到的積極抗拒反應。想要列舉出仇恨食物會沒完沒了，然而，可以確定的是，即使是仇恨食物也有歷史過程，除非是毒藥類，對生命和健康有害或致命，否則沒有從一開始就令人仇恨的食物，仇恨食物是被創造出來的。

「仇恨食物」一詞是從何時開始在韓國國內朗朗上口的呢？「仇恨食物」指的是被他者化的食物，隨著他者的出現，仇恨食物也一起誕生，從這一點來看，仇恨完全是社會性和政治性的，因此，一九八〇年以前沒有「仇恨食物」這一事實非常的重要。「仇恨食物」首次出現是在一九八〇年代初，在政府主導下為一九八八年的首爾奧運會做準備，迎接即將訪問韓國的外國他者的期間，考慮到外國他者的視角，政府將某些傳統食品定義為「仇恨食物」並且開始禁食，藉由追溯這一段歷史，我們可以了解到仇恨有多麼的政治性。

仇恨食物的誕生

人們不是所有的東西都吃，吃錯東西的話會食物中毒，最糟糕的情況甚至可能會喪命，為了生存，我們必須區分可以做和不可以做、允許和必須禁止的事情。最基本和主要的是區分可以吃和不可以吃的東西，這直接關係到生命的延續，接近於本能。肚子餓了找東西吃是本能，如果吃到對人體有害的毒物，即使已經進入嘴巴裡，也會因為身體不適，本能地嘔吐出來，這是因為當我們聞到有毒或腐壞食物的氣味時，喉嚨中的嘔吐中樞會有反射性反應[2]，在這個時候，厭惡感是保護身體免受有害物質傷害的防禦機制，如果有害的食物是矛，厭惡感就是盾。

然而，不能吃的食物和不吃的食物並不等同，即使可以吃，我們也不會全部都吃。當然，每個人的口味不同，也有人像素食主義者那樣，追隨信仰而不吃肉，比個人口味更重要的是文化差異，在印度吃牛肉是禁忌，此外，也有人初次喝濃縮咖啡時覺得太苦而吐出來，後來卻越喝越覺得好喝而成為咖啡愛好者。

即使可以吃，但是只要想到或看到就想嘔吐的食物，被稱為仇恨食物。一九八四年上映的其中一集《印第安納瓊斯》（*Indiana Jones*）電影中，有一個猴子作為珍饈的場景，將眼睛閃閃發光、活生生的猴子放在餐桌上，然後用湯匙挖腦髓吃，這一幕讓我覺得無比殘忍，因為厭惡所以轉頭不看，人們這麼吃猴腦好嗎？

甚至直到最近，猴腦在中國仍被視為美味料理，昂貴到令普通人望之卻步，但是，有許多猴子棲息的南亞部分地區，猴子就不是那麼昂貴的珍饈料理，這有可能是稀有性的作用。二〇一五年播出的韓國電視節目《叢林的法則：最後的獵人》

---

2 Sherwin B. Nuland, 1997, *The Wisdom of the Body: Discovering the Human Spirit.*

中，介紹了位於婆羅洲西北海岸的汶萊的猴子料理，當地原住民像我們吃豬肉或雞肉一樣，享受猴子肉，對他們來說，猴子料理不是仇恨食物，而是值得感激的營養來源，儘管如此，光是想像猴子料理就會令我們感到厭惡。

其實沒有必要遠赴中國或汶萊，韓國的仇恨食物也不少，以補身湯為首，還可以分出蛇湯、泥鰍湯和蠶蛹等反感類別。補身湯是仇恨食物嗎？這個問題就像問「漢堡是仇恨食物嗎？」一般沒有意義，因為並不存在本身就令人仇恨的食物。

說狗肉令人厭惡，以及說狗肉是仇恨食物，兩者之間有很大的差異，如同說「他考試失敗」不代表「他是失敗者」。再想想看，「臉黑」和「黑人」這兩個詞的差異，前者是個別的描述，後者是抽象名詞，也是一種概念，在人群中有的人臉色相較之下比較黑，有的人沒那麼黑，但我們不會因此將前者歸類為黑人，後者歸類為白人，那只是個人差異而已。「仇恨食物」這個用詞也是如此，早在這個詞出現之前，就有不喜歡補身湯的人，但是沒有人會因為本身討厭補身湯，就為它加上仇恨食物的標籤，因為在貼標籤的那一刻，就將「我不吃狗肉」這種個人偏好，轉

阿德里安・布勞威爾（Adriaen Brouwer），〈一口苦藥〉（約1636～1638年）

反感是對不悅且厭惡的事物所出現的情感反應

男子眉頭緊皺，呈現喝下苦味飲料後的反感。他所喝的似乎是奎寧樹葉所熬製的藥水，是當時有名的瘧疾治療劑。男子的雙眼緊閉，鼻梁和眉間露出深深的皺紋，嘴巴大大地張開。

化成「所有人都不應該吃狗肉」的主張，也就是將個人偏好藉由普遍化而合法化，除非是像秦始皇這樣的專制君主，否則怎麼能將自己的偏好變成普遍的事物呢？

狗肉在韓國既是食物，也是文化的一部分，在肉類稀少的年代，在每年農曆六到七月的初伏、中伏和末伏天吃狗肉補身體，是長久以來的風俗，雖然也會用清燉童子雞或紅豆粥代替，但狗肉是最好的滋補品，這種認知從未改變，說狗肉是仇恨食物，和說韓國的文化是令人厭惡的差不多。

朝鮮末期來到韓半島的外國人感到新奇的景象之一，就是每個地區都有許多吠叫的狗群，這顯示當地居民養了很多狗作為食用犬，這並不是指韓國人打從一開始就喜歡狗肉勝過於牛肉或豬肉。與歐洲不同的是，韓國的牛、羊和豬等家畜並不足夠，在肉類不足的情況下，富含蛋白質的狗肉曾經是最容易獲取的食物，狗肉比牛肉便宜得多，富有的貴族和商人用牛肉熬煮的「辣牛肉湯」，取代以狗肉作為補品，平民百姓則喜歡放入狗肉熬煮的狗肉湯。當然，狗肉比不上牛肉，但仍然是珍貴的食物，在韓國史書《朝鮮王朝實錄》中就記載了有人以狗肉為賄賂而取得官職的事件。

屬於傳統食品的補身湯，並非從一開始就是政府禁止的對象，但是也沒有像牛肉或雞肉那樣，光明正大地流通。一九七五年三月，首爾市整頓非法的食品營業場所，當時大約有一千多家的補身湯店成為合法小吃店並取得登記證，這個紀錄說明了補身湯在當時的隱晦性。首爾市的政策是一種妥協方案，退讓到不發給補身湯店營業許可，但是改列為小吃店，當時的保健社會部對於是否承認狗肉為食品，還沒有達成社會共識，這使我們產生了一個疑問：當時為什麼需要對傳統食品的補身湯達成社會共識呢？

補身湯的禁止歷史與外國他者的存在息息相關，從過去流傳下來的習慣或風俗是傳統，但即使是傳統的一部分，在外國他者眼中可能看起來非常陌生，例如，激發食慾、讓我們流口水的泡菜和紫菜飯捲，對於不曾接觸過的外國人來說，有可能感覺到厭惡。我就曾經有過這樣的經驗，在一九八六年前往美國留學之前，我從來沒想過紫菜飯捲會散發氣味，也從來沒有想像過身上會有大蒜味，直到該年在美國的一次經歷，讓我有了一百八十度的大改變。有一天，我吃了紫菜飯捲後去參加研討會，察覺到同學的表情有微妙的變化，他們似乎皺著眉頭在嗅聞是什麼味道，那一刻，我的心往下沉並且感到慌張。紫菜飯捲有獨特的味道，但是我們並不覺得紫菜飯捲有味道，就算真的有味道，當然也是飯捲應該有的味道，而不是奇怪的臭味。同樣的，我們也不認為自己身上會有味道，就算真的有味道，也應該是人的味道不是嗎？然而，當我們站在歐洲人身邊時，會聞到他們身上散發的酸味，韓國人的鼻子會嗅出歐洲人身上的異味。

在被外國他者看到之前，狗肉不被認為是仇恨食物。當然，並不是所有外國人都是外國他者，如果是一名中國人，可能並不會認為狗肉是仇恨食物，只有在不食用狗肉的文化當中，才會視其為野蠻的食物。美國的文化人類學者馬文．哈里斯（Marvin Harris）在《糧食與文化的謎題》（*The Sacred Cow and the Abominable Pig: Riddles of Food and Culture*）一書中指出：「我們不吃蟲子，不是因為牠們骯髒和令人厭惡，而是因為我們不吃牠們，所以認為牠們骯髒和令人厭惡。」如果說自己吃的食物是好的，就會認為自己沒有吃過的陌生食物是不好的，換句話說，仇恨食物是那些自己未曾吃過的食物。沒有吃過蠶蛹的人可能覺得蠶蛹是令人厭惡的東西，好噁，竟然有人吃蠶蛹！同樣的，從未吃過蝸牛的人可能會對法國人把蝸牛當美食感到厭惡，好噁，竟然有人吃蝸牛！仇恨的標準不在於食物本身，而是來自人們的心中。

在韓國，吃狗肉轉入地下化是從日帝強占期開始的，日本早於韓國和中國接受歐洲文明，並自稱為亞洲的英國，致力於國家的歐洲化，每當有機會都強調自己是文明國家，因此，他們禁止所有可能被歐洲人視為野蠻的習俗。在日本統治下的朝鮮，像補身湯這一類的食物，被認為是應該斬草除根，野蠻的飲食習慣，那些販賣或食用狗肉的人因此被以治安罪名逮捕並入獄。這不是很可怕嗎[3]？以吃狗肉為由把人關入監獄！

解放之後，對於狗肉的質疑仍未消除，高度依賴美國援助的李承晚政權，不得不看美國的臉色，卻無法完全禁止市民所喜歡的狗肉湯販售。李承晚政府因此提出一個妥協方案，將「狗肉湯」這個名字改為「補身湯」，這是為了去除西方人聽到露骨的「狗」這個字，改用較為委婉的「補身湯」，原因是不同於狗肉湯一聽就知道是什麼，補身湯不會讓人聯想到狗，就像把「屎」改稱為「便」一樣。

事實上，解放之後日常生活中很難看到外國人的身影，頂多偶爾可以看到美軍，一九六〇年時首爾人口介於兩百四十至兩百五十萬人，一九八〇年激增為八百三十至八百四十萬人，儘管如此，生活周圍也不容易看到外國人，與其說是外國他者的具體目光，不如說是想像的目光，從這個角度來看，補身湯不是一般大眾需要煩惱的議題，而是政府官員需要承擔的問題。

從何時開始，外國他者的目光開始滲透到我們的日常生活中呢？從何時開始我們以外國他者的視角來看待自己呢？從何時開始我們認為身上散發出蒜頭味，並且認為清麴醬有腐化食物的惡臭呢？從何時開始我們從外國他者的視角看到自己的模樣，並且感到羞愧呢？從何時開始我們產生了我們所喜歡的食物，外國人說不定會討厭的想法呢？「仇恨食物」這個詞是從何時出現的呢？

一九八八年是第二十四屆奧林匹克運動會在首爾舉行的年度，外國他者的視角改變韓國的地景，並且在認知變動的混亂中，仇恨在喊叫下誕生，準確來說，一九八一年被選定為奧運會舉辦城市之後，韓國就開始經歷仇恨誕生前的害喜和陣痛。取得奧運會主辦權時，人們跳舞和歡呼，流下感動的淚水，若說在那之後全民為了準備讓奧運會順產而活，一點都不誇張，可以向當時全世界的五十億人口展示韓國引以為傲的發展！不是自稱為漢江奇蹟嗎？在那一九八〇年代的中後期，全民正享受自開國以來最大的繁榮。

在關於仇恨的討論中，首爾奧運之所以重要的原因之一，可以從下面的事件得

3 當時，有一首流行的歌曲〈吃狗吃豆〉，歌詞是：「昨天吃了一隻狗，今天在牢裡吃豆子，『昨日食犬，今食太』，那個點只不過是從上面移到下面啊，為什麼我的身體這麼痛苦，『上下一點，苦吾身』。」大字上面加一點，就是狗字的「犬」，加在下面就是豆字的「太」。利用造詞法來巧妙地嘲諷日本。（參考：朴炳旭，〈奧運驅逐的「野蠻食物」補身湯〉，Naver Cast〈那個時候的故事〉）

知。在取得奧運會主辦權兩年後的一九八三年，蛇湯、補身湯等所謂的仇恨商店被趕到四大門（東大門、西大門、南大門和北大門）之外，理由是讓市民產生厭惡感，並且降低國際都市的品味。運動會開幕前三、四個月，警方集中取締這些仇恨食物商店，最後總共有六十家商店被檢舉，二十家商店停業，三百八十三家商店收到市政府的改善令。

「仇恨食物」一詞在一九八四年誕生，這個首爾市政府創造的新詞語，是為了籌備奧運會所進行的城市外觀美化的一環。曾經改名為滋補食品的狗肉被重新定義為仇恨食物，光是想到全世界的目光都在關注我們的一舉一動，就足以讓人冒冷汗，韓國希望在外國他者眼中映照的是什麼？如果嘴裡有大蒜味，是不是應該用漱口水？

獲選為奧運會主辦城市之後，作為韓國門面的首爾市美化工作就全面地展開，當時的報紙每天都刊登政府促進翻修道路、美化環境工作的新聞。例如，遷移鐵路邊的建築物、整修住屋，進行四階段的奧運迎賓運動，參與環境美化的志工共一千六百名，新村運動領導者兩千名被選為環境美化志工幹部，汝矣島周邊環境美化等等，那些過去被認為理所當然的道路、建築和設施，在他者的目光下突然變得不再理所當然，開始被認為醜到見不得人，一九八三年十月六日《朝鮮日報》刊登首爾大學人文學院林英芳教授所寫的〈都市美化〉專欄文章，清楚呈現這樣的變化。

骯髒的街道因為大規模的國際活動要在國內舉辦，有許多外國貴賓及觀光客即將到來，才逐步整理和修飾。奇怪的是，總是習慣在有什麼大事或重要事件時才急忙做準備，並且在事後探索對策。我認為，首爾街頭的整理和修飾是很久之前就應該準備並且進行的工作。平常總是邋遢的女人，就算突然化妝打扮，也不見得會有好的效果。

林教授在這篇文章中指責美化工程其實是在意識到外國他者的目光下所進行

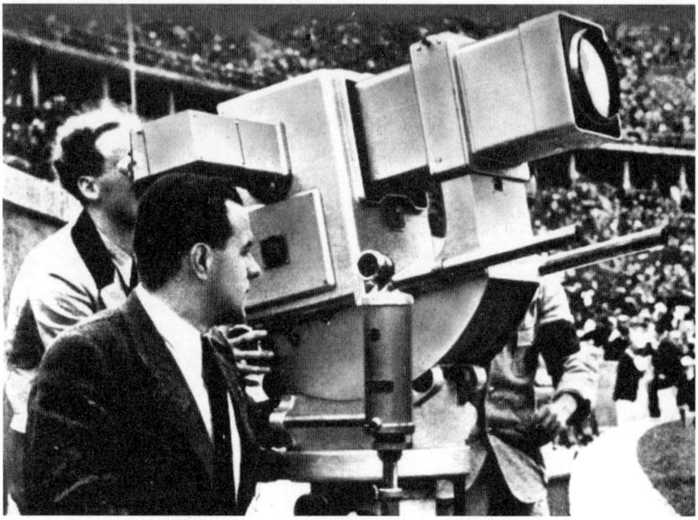

1936年柏林奧運會，站在自己所發明的電視播送攝影機「奧林匹克大炮」（Olympia-Kanone）後面的工程師沃爾特・布魯赫（Walter Bruch）

為了不讓外國客人看到貧窮的首爾

一邊籌備奧運，一邊為了修飾外國人眼中的首爾形象，推動各種遷移政策和重新開發。拆除聖火傳送路徑上的木板屋，街上的遊民和身障者集中安置到保護機構。奧運參賽選手入境的金浦國際機場，以及從機場到首爾市中心的國會大道、泰陵國際射擊場附近，都經過改造，形成現今的木洞、上溪洞等地的公寓園區。

的，同時指出政府早就有責任進行城市美化。有趣的是，他將城市美化比喻為女性化妝，即使沒有像奧運這樣的國際活動，都市與環境美化都至關重要，因為如果不是從他者的鏡子來看的話，女人就算沒有「擦脂抹粉」也不會顯得「邋遢」。

街邊的小販或鐵路邊的破舊小屋、建築物，不是在外國人的目光下產生，而是在國人迫切的需求下產生，就像富有的貴族可以選擇吃辣牛肉湯而不是狗肉湯，路邊攤如果有資源，也會在漂亮的建築物裡安穩地做生意，同樣的，如果有選擇的餘地，破舊房子裡的居民也不會住在那樣的地方，由於所處的環境和生活的壓力，才會出現路邊攤和破房子。在這種情況下，美麗或醜陋這種審美問題，成為無視迫切的生存脈絡、愚昧的提問，因為只有不受貧窮所苦的富裕他者，才會從第三者的觀點提出這樣的審美問題。

至今為止的討論可以總結如下：韓國獲得自開國以來最大規模的世界性活動主辦權，開始意識到他者的目光，都市美化工程就是內化他者視角的結果，我們開始檢視我們的飲食文化和西方的差異，不對，是開始用西方的角度來查看自己。是西方人嗎？是支配世界、位於文明前沿的西方吧！如果西方認為我們的食物不潔，甚至不屑一顧，該如何是好呢？外國人會不會批評我們是野蠻的韓國人？這種不安的觀點，導致傳統食物被劃分是否為仇恨食物。不只如此，人們也必須接受什麼是仇恨食物的教育，並且開始以知識的名義被討論和傳播，最後成為珍貴的文化知識，讓我們可以和西方國家一樣，加入先進國的行列。

仇恨食物的去汙名化

歐洲是我們努力學習和模仿的典範，歐洲人仇恨的東西，我們也應該要仇恨才對，如果不斷斷仇恨的尾巴，就無法加入文化先進國的行列，形成了這種的共識。在這樣的情況下，自我仇恨很大程度上成為自戀，為了愛自己，有必要先否定自己。

如果不區別主體和他者，仇恨的情感就不會產生，這不是單純的區別，而是位階化的區別，也就是差別的機制，讓產生仇恨的主體能夠站在比仇恨對象更優越的位置。仇恨會強化自戀，舉例來說，朝鮮末期的開化派運動者徐載弼輕蔑東方的飲食習慣，他主張：「韓國人應該不要吃泡菜和米飯，改吃牛肉和麵包。」[4]他和金玉均、朴泳孝、洪英植等開化派成員，一起領導甲申政變，後來流亡美國。身為直接體驗西方的第一代朝鮮人，他主張如果不拋棄傳統的文化遺產並模仿西方，就不會有未來。若是考慮當時朝鮮的絕望處境，他的想法可以說不無道理。然而，他所仰慕的歐洲一直到十九世紀中葉都受貧窮和饑荒所苦的事實，他卻一無所知，十七到十八世紀，富有的歐洲人每人每年的食肉量不過二十七公斤[5]，想想看，現在我們的人均肉類消費量是四十二公斤。再者，回溯到中世紀西方，肉類是騎士等統治階層的特權[6]，在肉類同樣不充足的時代，歐洲人當然也吃了狗肉，一直到受惠於工業化、資本主義、帝國主義等之後，才開始將狗肉視為仇恨食物，並且將本國的標準強加到世界其他國家。

在世界的文化戰爭中，狗肉經常是敏感的議題，每當成為討論話題時，通常是歐洲人占上風，歐洲的動物保護團體曾經威脅韓國政府，若是不禁止販售狗肉，將抵制首爾奧運。二〇〇八年北京主辦奧運會時，中國政府為了回應歐洲的動物保護團體抗議，對奧運會指定旅館發布禁止銷售狗肉令。近年也有相關類似的事件，二〇一八年平昌冬季奧運會時，當時的朴槿惠總統曾經提議以珍島犬作為吉祥物，但並未被接受，因為在歐洲人的認知中，韓國仍然是一個食用狗肉的國家。

然而，歐洲人有什麼資格對他國的飲食文化指手畫腳，進行干涉呢？韓國政府在一九八〇年代施行將仇恨食物逐出四大門政策時，並非沒有遭受批評，只是當時我們還沒有足夠的文化自信和自尊，去捍衛補身湯，這樣的自信心是首爾奧運之後才建立起來的，成功地舉辦奧運，給予我們民族的自信和驕傲。自信心是什麼？那是一種自己才是對的感受，從自己的視角看待自己，而不是從他人視角的態度，

---

4 姜俊晚，《韓國近代史散步3：從俄館播遷到移民夏威夷》，人物與思想史，二〇〇七。

5 Daniel Arasse et al, 2014, *Histoire du corps, tome 1: De la Renaissance aux Lumières*（《身體的歷史 1：從文藝復興到啟蒙時代》）

6 Jacques Le Goff, Nicolas Truong, 2003, *Une histoire du corps: au Moyen-Âge*（《中世紀身體的歷史》）

在奧運之後，我們才擁有足夠的自信心，對歐洲人理直氣壯或不畏縮，即使歐洲人鄙視補身湯，也不以為意。隨著這種意識的轉化，一九八〇年代因為歐洲而遭受仇恨的補身湯，開始出現了去汙名的氛圍。

談到補身湯去汙名的過程，就不得不提碧姬．芭杜（Brigitte Bardot）。碧姬．芭杜是什麼人？她是一九五〇和一九六〇年代風靡一時的性感象徵，一九七三年從銀幕上引退後，利用形象和名氣光環，積極投入動物保護運動，到此為止，一切都好，但她在一九八〇年後開始猛烈抨擊韓國的狗肉文化，並且在一九九四年三月底，寫信給當時的韓國總統金泳三，威脅如果不禁止販售補身湯，就將在法國發起抵制韓國商品運動，她在信中寫道：「嚴正警告韓國正在發生的令人髮指的食用狗交易。」

碧姬．芭杜的信捅到韓國人自尊心的馬蜂窩，補身湯從此不再是單純的狗肉料理，而是國民的自尊心象徵，《韓民族日報》的一篇報導中寫到：「區區一名外國女演員，竟然威脅我國總統要抵制韓國商品，這種放肆的姿態，若單純視為無知的輕率發言，是國民情感所無法容忍的。」[7]在這裡，我們要特別注意「國民情感」這個詞。直到一九九八年，韓國議員金洪信在寫給碧姬・芭杜的公開信中批評：「譴責食用狗肉，是對文化相對主義無知的愚昧者。」

---

7 新聞報導，〈外國演員抗議補身湯的飲食文化「放肆」的干涉〉，《韓民族日報》，一九九四年四月十七日。

仇恨犯罪的歷史

接下來，讓我們將焦點從仇恨食物轉向仇恨犯罪。「仇恨犯罪」和「仇恨食物」一樣，都是常用的詞語，這個詞是什麼時候出現的呢？

厭惡是對腐壞的食物或毒物等物質的本能反應，但是厭惡的對象並不限於這一類的異物，正如我們的身體會被毒物汙染一樣，社會也會被犯罪汙染，如果情況變得嚴重，社會可能面臨解體的危機，社會就像一個巨大的身體，若是無法解決暴動或叛亂等狀況，社會的器官將會崩解，並且遭受痛苦，最後在沉重的呼吸下結束生命，當殺人、欺詐、誣告、貪汙等犯罪累積，社會就會失去可以解毒的自我淨化機能。從這個角度來看，可能導致社會死亡的犯罪就是仇恨犯罪。

仇恨犯罪是指可能損害社會健康的犯罪，但是，哪些犯罪屬於這個類型並不容易判斷。殺害尊親屬等違背人倫的罪行罪不可赦嗎？買賣大麻或毒品呢？暴力、恐嚇威脅、欺詐、賄賂？還是強姦等性犯罪？關於社會中最令人厭惡的犯罪是什麼，每個人都有不同的看法。儘管如此，當我們在報紙上看到「令人厭惡的貪汙」或「令人厭惡的關說」等詞語時，大多會同意。

以目前慣用的意義來說，「仇恨犯罪」一詞是一九九〇年代後才出現，當然，在此之前就有「令人厭惡的犯罪」這種表達，但是其作為一個概念始於一九九〇年代。仇恨犯罪是什麼？是以某個人是特定群體的成員為理由，出自「仇恨、憎恨、偏見或歧視傾向」的犯罪類型[8]。仇恨犯罪不是針對個人，而是針對群體，這

8 李正年，〈仇恨犯罪的概念、特性和立法考量事項：以德國最近的立法討論為中心〉，《警察法研究》第十三卷，第一期，韓國警察法學會，二〇一五。

個事實怎麼強調都不為過，如果A是因為討厭B女本人而攻擊，就不能說是仇恨犯罪，因為對方是女人，亦即是女性中的一員而攻擊的情況，才適用仇恨犯罪這個詞。同樣的，一個人因為憎恨某個人而施暴，也不是仇恨犯罪，而是當憎恨和暴力擴大為集體規模，並且有可能造成社會衝突時，才會被分類為仇恨犯罪。從這一點來看，仇恨犯罪和民族、種族、膚色、宗教、性取向等因素有密切的關係，此外，正是基於這些原因，更有可能像野火燎原般大規模且迅速地擴散，這種犯罪「發生頻率高，比其他犯罪殘忍，並且造成更多的傷害」[9]。

仇恨犯罪和仇恨食物一樣，都在一九八〇年代被創造出來，在首爾獲得奧運主辦權之前，政治大海嘯已席捲大韓民國：「朴正熙遇刺案」，即將長期獨裁的時任總統朴正熙在宮井洞的密室遭時任中情部部長金載圭槍擊而倒下；接著發生「雙十二政變」，以全斗煥和盧泰愚為首的軍方私人組織「一心會」發動軍事叛變，當時渴望終止軍事獨裁、迎向民主社會的國民自然不會袖手旁觀；「光州民主運動」是全國民眾反抗全斗煥軍事獨裁的怒吼，然而，全斗煥發布緊急戒嚴令，使用武力殘忍鎮壓光州市民和學生，原本應該保護國民的軍人，卻將槍口對準國民。不僅如此，他們追逐逃亡的示威者，用棍棒將他們打到奄奄一息，是無情、殘酷又恐怖的國家暴力，全斗煥政權為了平息和隱蔽自己的暴行，創造了仇恨犯罪。惡劣的不是國家暴力，而是所謂的仇恨犯罪，以清除仇恨犯罪的名義，將國家暴力正當化。

日本政府在一九二三年曾經試圖透過仇恨朝鮮人，來平息關東大地震後引發的社會不安，日本政府捏造並散布朝鮮人縱火和暴動的謠言，試圖將民眾對政府的不滿，轉移到無辜的朝鮮人身上。一九八〇年全斗煥軍事政權為了維持權力，以武力鎮壓追求民主的市民，然後創造了「仇恨犯罪」。就像對日本政府來說，朝鮮人是好欺負的他者，在全斗煥軍事政權眼中，那些少數群體就是可以轉嫁責任、好欺負的他者。造成社會混亂和不滿的，不是國家暴力，而是私人的暴力，亦即追求私利

---

9 金洙元，〈社會歧視、仇恨犯罪與人權〉，《圓光法學》第二十五卷第三期，圓光大學法學研究所，二〇〇九。

的犯罪團體，以武力鎮壓光州民主運動的軍政府，直到五月三十一日才急急忙忙成立「國家保衛緊急對策委員會」，這個看似正當的委員會實際上是操作「社會惡」的機構，是為了清洗軍政府手上沾滿的鮮血，必須指名新的仇恨目標。軍政府所持的大義和名分是，唯有掃除那些社會惡，社會才能淨化。就像希臘神話的雅典娜從宙斯的腦子裡生出來，從軍政府腦中誕生了「三清教育隊[10]」。

有句話說治療要以毒治毒，被阿基里斯的矛刺傷的人，必須用那支矛才能治癒傷口。軍政府為抹除軍隊的集體暴力，利用了不良分子的集體暴力，他們根據「三清計畫五號」，制定「掃蕩不良分子作戰」，隨即創設三清教育隊。「三清」這個詞本身就饒富深意，意味著清除所有破壞社會的社會惡勢力，從而淨化社會，社會淨化委員被賦予了這樣的淨化工作[11]。

軍部如何找出那些社會惡勢力禍首的不良分子呢？投入八十萬名軍警的三清作戰如何在四千萬名軍民中糾出不良分子？不良分子被定義為「危害國家的安全保障和社會安全，國民厭惡和憤恨的對象，長期和慣性的組織暴力、騙子和其他墮落行為，並且有再犯的疑慮者」，此外，並追加「不知悔改而受居民譴責者，不健全生活中的現行犯和再犯之虞者，社會風氣紊亂犯罪者、社會秩序破壞者」等。從一九八〇年八月一日到一九八一年一月二十五日之間，進行大規模的搜捕，總共逮捕六萬零七百五十五人，其中約四萬人被迫進入有「韓國版奧斯威辛集中營」之稱的三清教育隊收容所，度過如同地獄的六個月。

被強制入所的不良分子中，有多少人是「國民厭惡和憤恨的對象」呢？有青年因為身上有刺青被捉走[12]，甚至沒有確認過他們的身分，只是因為刺青被認定為

---

10 朴正熙在一九六一年的「五一六政變」掌握政權後，以清除政治流氓為名，一口氣逮捕了一萬五千八百名不良分子，並且以「國土建設團」之名，強迫他們參與全國性的國土建設工程。他藉由清除破壞公共秩序和社會的不良分子，博取一般民眾的好感，並且讓不良分子投入勞動生產，從而轉移民眾的注意力。這是典型的大眾操作手法，效果非常顯著。

11 三清計畫一號是清除以權力非法斂財；二號是清除政治腐敗者；三號是整頓高級公務員；四號是整頓三級以下的公務員；五號即是以三清教育隊而為人所知的，掃蕩不良分子作戰。

「對社會造成危害的壞人標記」，也是「厭惡和不快的對象」，還有青年因為賒帳喝酒沒有付錢而被帶走，批評政府的知識分子、新聞記者、工會成員、大學生，也有在街上遊蕩、無緣無故被帶走的女人和高中學生。他們真的是社會惡勢力禍首嗎？在當時的嚴峻氛圍中，連這樣的提問都是禁忌，因為這樣的問題本身被視為形同承認自己就是社會之惡。

三清教育不是真正的教育，而是連續的毆打、殘酷行為和野蠻暴力，入所的人也不是以教育對象而收容，而是被稱為「監護生」。二〇一〇年上映的電視劇《巨人》中有一幕呈現三清教育隊的殘酷，主角只因為是權力的絆腳石，就被帶到三清教育隊，飽受棍棒、拳頭和踢打等暴力，在權力下得到正當化的國家暴力，不像犯罪或不良分子在陰影中潛伏，也不會隱身在暗處，劇中教官們曾經如此恐嚇監護生：「這支棍棒是全斗煥總統賜給我們的，要我們用這根棒子打你們，打個一、兩年就死了。」

權力把社會惡變成仇恨的對象，這個事實無論怎麼強調都不為過，仇恨的政治是讓權力內部的暴力投射到外部對象上的機制。當然，權力不僅依賴暴力，也會試圖透過大眾媒體來掌握霸權，媒體用筆來正當化折磨與踢打的暴力，回顧來看，當時的大眾媒體稱職地扮演了大量生產、傳播和消費仇恨對象的角色。

媒體為了製造社會惡，會活用三階段策略。首先，製造莫虛有的仇恨對象（不良分子）；接著，強調對這些虛構對象進行淨化教育（暴力）的必要性；最後，證明這種教育具有使社會得到淨化的效果。來看看《朝鮮日報》一九八〇年八月十三日的〈學習流汗的人間教育場〉這篇文章吧，文章小標題是「數千名不良分子在軍隊進行四週的心靈淨化工作，剃頭、禁菸、禁酒，『洗去黑暗的過去』」，標題本身已透露很多資訊，刻意讓「黑暗的過去」與「汗」形成對照，如果有了解汗水意義的正常人，就有不知汗水為何物而有黑暗過去的異常人，自己不流汗，卻讓別人流

---

12 在戒嚴政權的分類統計中，有前科者占百分之六十四．一，沒有前科者占百分之三十五．九，亦即以犯罪前科者為主要對象。（《戒嚴史》，民事軍政府戒嚴史編纂委員會編著）

汗，「每天無所事事，只會打人」的不良分子。讀者看了這樣的描述，才恍然大悟自己的貧窮和不幸的原因是這些不良分子，不是軍事暴力，而是這些不良分子所造成的。為了說服可能還不理解這一點的讀者，文章又加上過去所存在的「邪惡」，再次強調「大部分是不到二十歲的稚嫩面孔，在那些面孔中，找不到任何過去的罪惡。……如果不是在帽子上用名牌代替軍階，就很容易與普通士兵混淆。」、「至少，從他們真摯的表情中看不出任何邪惡。」這類描述的目的是什麼？過去，他們的臉上刻印大大的「惡」字，這使他們一看就和普通人不一樣，是令人厭惡的存在，如此強調過去的邪惡後，文章轉向教育的耀眼效果。在此，為了呈現教育前後的強烈對比，報導中活用修辭學的策略，過去是每天無所事事，只會打人的不良分子，現在「成為國家和社會所需要的人」，那些過去沒血沒淚的人，在國家給予的「遲來的愛的領悟」中，「讓訓練場成為淚海」。文章最後還錦上添花，提到離開三清教育隊的監護生們自發捐獻「七十六萬韓元（約新台幣一萬八千元）的國防基金」。

電影《大獨裁者》（1940）

比電影更殘酷的仇恨真相

在第二次世界大戰中，一直到德國戰敗之前，集中營就別說了，包括納粹大屠殺的真相都是對外界徹底保密。英國喜劇演員查理．卓別林（Charlie Chaplin）在1940年拍攝諷刺納粹的電影《大獨裁者》（The Great Dictator），當時他只是從傳聞中得知納粹打壓歐洲全境內的猶太人日趨嚴厲，並試著想像集中營的情形。當奧斯威辛集中營等大屠殺的真相被揭露後，卓別林表示，如果他知道真相的話就拍不了這部電影了。

到目前為止，我們討論的仇恨食物和仇恨犯罪的歷史，都充分呈現仇恨的政治機制，在萬事太平和安定的時期，仇恨不會盛行。法國社會學家涂爾幹（Emile Durkheim）在《自殺論》中提到，社會壓力是自殺的原因，不安、痛苦、貧窮和壓力等都是社會壓力，問題在於社會沒有無限地承受這些壓力的能力，當壓力增加時，會從社會中最脆弱的某個部分開始爆發，社會壓力會將少數的弱者推向自殺的懸崖邊緣，如果不在水壺上打一個小孔來釋放蒸汽，那麼水壺可能會有爆炸的危險，那是為了防止整個社會崩塌的危險，犧牲自己的一部分。

仇恨食物和仇恨犯罪是藉由犧牲少數人（他者化）來實現多數人的自我療癒機制，仇恨食物和仇恨犯罪不是個人的，而是集體的現象；不是「我」在「仇恨」，而是複數的「我們」在「仇恨」；不是個人的偏好，而是社會的偏好。儘管有這些差異，兩者的本質都是辯證法中的主體化和他者化，為了讓我成為理想的自我，那些不理想的部分必須被他者化的狀況，就是自我仇恨，仇恨那個妨礙自己與精神合一的肉體。當人們仇恨身體時，仇恨越深就越相信自己昇華為精神性的存在，此時，我所仇恨的身體不是我的，變成是他者化的身體，我本來是沒有性慾的純潔存在，因為邪惡的女性誘惑，所以才在性方面墮落，這是試圖為自己的過錯辯解並合理化。

這種思維把個人擴展到男性與女性的集體層次，是典型的女性仇恨，認為男性是理性且自律，女性則是過於感性、感官和耽溺。仇恨犯罪的思維和這樣的女性仇恨是同樣的機能，「我們」是即使沒有法律也能好好生活，善良又勤勉的市民，如果這樣的「我們」過著滿足的生活，就不需要透過仇恨機制來撫慰和控制自己。問題在於我們其實無法得到滿足，造成不幸和不滿足的不會是我們自己吧？我們不是善良又勤勉的模範市民嗎？那麼，不是我們而是其他人，必然是我們的外部或者我們內在的他者，是這種不幸的根源。全斗煥政權命名為「社會惡」，暴力分子、不良分子、工會成員、左翼知識分子都被塑造成讓我們變得不幸的社會惡。

如果仇恨犯罪和我們內在的他者有關，仇恨食物就和我們外部的他者有關，如果沒有外部的他者，仇恨食物就無從存在，當然，也可能和他者無關，純粹因為個人因素而討厭某種食物，不合口味是一定的，乃至於會誘發過敏反應的，都會成為厭惡的對象，因為會損害我們的健康。然而，仇恨食物不會危害我們的健康，若是造成傷害，是對我們的文化認同，對我們心目中的理想形象造成傷害，從這一點來看，仇恨食物和自我厭惡有相似的特質，由於在他者眼中可能是野蠻的飲食習慣，我們從全新的仇恨視角來看待長久以來所喜愛的狗肉湯。

仇恨食物和仇恨犯罪的歷史證明了仇恨運作的政治性過程，兩者都是一九八〇年代動盪時期所產生的一種情感，在消除光州民主化抗爭的後遺症過程中，製造出仇恨犯罪（社會惡）；而在準備首爾奧運的過程中，則製造出仇恨食物，這兩個在一九八〇年代生成並流行的仇恨，到了一九九〇年代隨著完成角色的功能而被淘汰。擔心歐洲人他者的目光而被趕出四大門外的仇恨食物，隨著國家經濟實力發展到足以媲美歐洲的程度，拜獲取的自信心之賜，再次進到四大門內；全斗煥政權為了掩飾暴行而濫用的「社會惡」仇恨犯罪，託一九八七年實現的民主化之福，再也沒有必要啟動。曾經被政治化的仇恨，開始去政治化，仇恨的去政治化意味著仇恨不再是集體的現象。當然，個人的仇恨情緒並未消失，消失的是仇恨的意識形態，至少在二〇一〇年代以「女性仇恨」之名再次抬頭之前，就那樣地沉睡。

藝術與大眾媒體中的仇恨製造

仇恨直接涉及「我是誰？」這個身分認同的問題，這可能是個人的身分，也可能是韓國人等集體的身分，或者是男性等性別的集體身分。一般來說，法國人不喜歡英國人，世界上誰最討厭英國人？對於這個問題，我們可能會回答是法國人；仇恨日本人的是誰？這個問題也一樣，只要稍微了解日本和韓國關係的外國人，可能會不加思索地回答韓國人。這個討論直指主體性論述的奇妙特性，如果一個中國人也說自己怨恨日本人的話，很容易被誤認為是韓國人。德國法學家卡爾．施密特（Carl Schmitt）不就是主張政治便是區分是敵是友嗎？

如此形成的主體即為反應性（reactive），不是因為是韓國人而恨日本，是因為恨日本而成為韓國人，藉由怨恨和討厭與自己不同的他者，可以正面強化自己的主體性。基於這一理由，當人們越仇恨惡，越可能陷入自己是善良的人的錯覺，作家和藝術家就經常呈現這種仇恨的弔詭，對於極惡的仇恨是義大利詩人但丁（Dante Alighieri）《神曲》的主題，他不需要明示他最仇恨的惡行是背叛，因為從他將背叛凱撒的布魯圖處置到地獄的最底層，就足以了解。但丁原本就有強烈的政治野心，在教宗的圭爾夫派和教皇的吉伯林派爭戰中獲勝，出人頭地似乎已成定局，然而，出乎他意料的是，圭爾夫派分裂為白派和黑派，他被誣告為叛徒，甚至被判處死刑，雖然最後他被減刑，改為流放到佛羅倫斯，但政治高飛的翅膀已永遠折翼，如果圭爾夫派沒有分裂，他有可能走上成功的康莊大道，因此，他所屬的圭爾夫派的背叛和分裂，可說是他終生的遺憾。盟友應該是盟友、敵人應該是敵人，當盟友突然變成敵人時，這令人難以置信的現實令人極度憎恨，這種憎恨使魔王路西法撕裂並啃咬布魯圖的身體，讓他極盡痛苦，背叛朋友的布魯圖和圭爾夫派差不多。

英國作家查爾斯．狄更斯（Charles Dickens）總是將自己討厭的人物類型，刻畫得特別令人厭惡，例如，他在小說《老古玩店》（*The Old Curiosity Shop*）中對狡猾無恥的惡徒奎爾普有這樣的描述：

男子像侏儒一樣矮小，頭和臉卻像巨人一樣大。看起來凶惡的黑眼珠散發狡猾的光芒，又粗又亂的鬍子因為沒有修整，幾乎覆蓋嘴巴和下巴周圍。臉色看起來也很差。最詭異的是他那讓人顫抖且心情變差的微笑。……當他笑的時候，從嘴巴露出的醜陋虎牙讓人聯想到流著口水、氣喘吁吁的狗。……這個擁有巨大頭部和微小動作的身影，當他慢慢地轉動並摩擦雙手時，真的非常嚇人。他毛茸茸的額頭一偏、下巴上揚，偷看的眼神中充滿狂喜，看起來如此的邪惡，以至於惡魔都想要模仿。

狄更斯為何把奎爾普描繪得如此醜陋？作家似乎從這一類的描述中，感受到某種施虐的快感，奎爾普是他所仇恨的所有惡德的百科大全，和英國戲劇家莎士比亞（William Shakespeare）的《威尼斯商人》（*The Merchant of Venice*）中的夏洛克一樣，都是放高利貸者。從《荒涼山莊》（*Bleak House*）的史默維特開始，出現在狄更斯作品中的放高利貸者，都是為了錢而不擇手段的惡徒，為了錢能對權勢者卑躬屈膝，對弱者則毫不留情地搜刮到一毛不剩，不僅如此，受害者在貧窮和痛苦中的呻吟，以及受折磨的模樣，令他感到快樂和滿足，為了這種快感，甚至捏造莫須有的罪名，他想方設法栽贓給主角基特，讓他被關進監獄。放高利貸者是怎麼樣的人呢？是提供資金給有需要的人，並且獲取巨大利潤來營生，這不是依靠人的勞動，而是用錢來賺錢，狄更斯仇恨這種沒有人性的金錢循環，讀他的作品，會感覺到如果世界上沒有放高利貸者，類似貧富差距的各種犯罪、暴力和欺詐等就會一掃而空[13]，他認為資本主義摧毀了人性中的所有美德。

狄更斯為什麼如此仇恨金錢呢？如果只是他個人的仇恨，我們就沒有必要討論了。對他來說，仇恨是他作品的結構元素，也是展開情節的手法，身為一名藉由小說形式向讀者呈現社會的作家，他認為關心社會的不公義和不平等問題，並且以適當的方式來解釋，是作家的責任，他認為，如果我們追溯邪惡的根源並斬草除根，社會就有希望變好。狄更斯度過貧窮和不幸的童年，父親因為生意失敗而入獄，他會認為資本主義造成不幸和貧窮，並非毫無道理，只是，他沒辦法像馬克思那樣，從全貌來理解資本主義是一種社會經濟制度：為什麼善良的人會在貧窮中掙扎？為什麼不論多麼努力，都無法擺脫貧窮？雪上加霜的是，為什麼他們會變得更貧窮和悲慘？他無法回答這些問題，儘管如此，他無法放下作家的使命感，在這種困境中，他注意到放高利貸者，認為他們是所有社會惡的根源，因為他們是資本主義的化身。對狄更斯來說，放高利貸者就像中世紀的女巫。

另外，O・J・辛普森（O. J. Simpson）原本是知名的美式足球明星，後來卻因為涉嫌謀殺妻子而惡名昭彰，很少有人像他那樣，在生命中經歷天堂和地獄這兩個極端，他早早就成為美式足球的傳奇英雄，也是享有盛名的演員，但是，在一九九四年，幸運之神離他而去。那一年的六月，在O・J・辛普森洛杉磯的豪宅中，他的前妻、白人女演員妮可·布朗（Nicole Brown Simpson），以及她的男友羅納德·高曼（Ronald Goldman），被發現陳屍屋內，辛普森自然成為頭號嫌疑人而遭到警方通緝，他逃避警方追捕，最終才被捕並站上法庭。一名傳奇英雄瞬間墮落為殺人魔，在漫長的法庭攻防中，他用盡財產支付律師費用，最後被判無罪，但殺人魔的標籤永遠跟著他，當時媒體報導對辛普森的態度變化，令人印象深刻。

O·J·辛普森在該年的六月十二日被以謀殺妻子逮捕後，從英雄墜落為醜惡的殺人魔，當時報導這個事件的記者，就像狄更斯那樣，承受了必須解釋邪惡的壓力，他們必須找出到目前為止英雄形象中看不到的邪惡跡象，並且寫成新聞。這

---

13 同樣的，狄更斯在《艱難時世》（*Hard Times*）一書中，將當時社會的所有不幸、人際間的疏離和貧富差距等問題，歸咎於工業革命和功利主義。他認為如果沒有工業革命和功利主義，英國人可能會非常幸福。他認為溫暖的心是最重要的美德，因而塑造了一個和這種美德相反的人物，蒼白又冷酷的理性功利主義者湯瑪斯·葛萊恩，並且將他描繪為像機器人的丑角，身為學校校長，他會用學號稱呼學生，而不是叫他們的名字。

個任務並不簡單，不可能像《化身博士》的傑奇博士和海德那樣，不過幾小時的差距，就將前者變成後者，六月十一日的辛普森和六月十三日的辛普森是同一個人，如果前一天他是卓越的樣貌，那麼一天後他的卓越樣貌不可能改變，儘管如此，報紙頭條和雜誌封面中的辛普森照片，還是必須呈現可恨的殺人魔模樣，如果照片拍出來不是這樣，就必須做假，在這種需求下誕生了當時《時代》雜誌（*Time*）的封面照片。

事件發生前的六個月，辛普森在朋友唐納・川普（Donald Trump）的婚禮上被攝影機捕捉到的模樣是帶著笑容、輕鬆自在、充滿自信，一副能號令並主宰世界的模樣。然而事件發生後，《時代》雜誌封面上的辛普森，儘管身分只是嫌疑人，他的臉卻是罪證確鑿的犯罪者，《時代》雜誌封面使用辛普森的嫌犯大頭照[14]，大頭照中的辛普森不是支配世界的人，而是被支配、變得渺小的表情，緊張之下如同石膏一般僵硬。此外，《時代》雜誌為了讓他看起來邪惡，對臉部做了暗化處理，這是為了使看見照片的讀者盡量感受到厭惡的情緒。

關於狄更斯的人物描繪和辛普森的臉部照片，我們可以提出這樣的問題：壞人必須看起來像壞人嗎？雖然也有「披著羊皮的狼」這種說法，但只不過是極少數的特例，在大眾媒體和藝術世界中，壞人必須被再現為看起來就像壞人。英國桂冠詩人亞歷山大・波普（Alexander Pope）曾經說：「邪惡是面目可憎的怪物，光是看就必然產生憎恨（Vice is a monster of so frightful mien/ As, to be hated, needs but to be seen.）。」童話中的世界最能展現這個主張，善良的人無時無刻都是美麗的，而壞人無一例外都是醜陋的。狄更斯大部分的作品也是這樣，因此讀者看見美好描述的人物，會很自然地認為是善良的主角，然後開始閱讀下去。如果正好相反呢？那麼讀者十之八九會在第一章就感到困惑，並且不想再看下去，作家要從一開始就讓讀者輕易地區分出誰是主角、誰是反派，前者被描繪得很美好，後者則是很醜陋。《時代》雜誌的封面不也是這樣嗎？身為嫌疑人的辛普森，如果用他事件發生前的

14 辨認囚犯之用的臉部照片。

照片作為封面，讀者會有何反應？若是惡沒有顯露於表面，或者眼睛看不出來，讀者就不會滿意，壞人必須看起來就很可惡，至少我們必須這麼相信，否則就無法安心地在這個世界上生活。我們必須在某些人身上加上特殊記號，以便知道哪些人可以盡情憎恨，而不至於產生混淆。

進入民主主義社會之後，「烙印」（汙名）這種標記身分的制度已經消失。烙印指的是無法消除的致命恥辱或評價，例如，在韓國作家黃晳暎的小說《暗街中的人們》中，主角質問：「前科犯的烙印，加上從小開始學到的技能只有扒竊，我還能做什麼呢？」前科犯的烙印無法消除，因為無論怎麼隱藏，住民登錄證上面那個令人不安、紅色標記的前科事實仍然存在。由於不是在前科犯的身體上烙印，像法國作家維克多・雨果（Victor Hugo）的小說《悲慘世界》中的主角尚萬強那樣，隱瞞過去而生活是可能的。如今烙印已經失去原始的具體意義，被用於抽象的含意上，但是在近代社會，仍有在犯罪者的臉、肩膀或背上火燙烙印的風俗。以前曾經有過一段時期，猶太人即使沒有犯罪，若沒有在衣服上別黃色絲帶，就會被罰款。

美國小說家納撒尼爾・霍桑（Nathaniel Hawthorne）的作品《紅字》（*The Scarlet Letter*）中，主角赫絲特・普林因為通姦罪而被加上不守婦道的烙印，她在外出時必須穿著繡有「通姦」（adultery）的首字母A的衣服，因為如果沒有這樣的烙印，人們可能會誤認她是端莊的女子，這個做法同時也有教化作用，讓人們看到她就厭惡通姦並生心恐懼，為了持守性純潔，哪怕片刻都不可放鬆。這麼一來，烙印就是國家出面，挑撥正常人對特定的階層、反社會人物、犯罪者等產生仇恨，為了這個目的，可見的標記扮演了重要角色，被隱藏的祕密罪惡必須在身體表面就能被看見。

我們都記得北韓的領導人金正恩處決了他的姑父張成澤，黨內權力的第二把手，那時最讓人印象深刻的是張成澤被拖到處決場時「不成人形」的模樣，他無法獨力行走，在左右兩側軍人的攙扶下，蹣跚地走向處決場。如果他身強體壯，北韓人民可能會認為他是一個健全的人，但是看到他瘸腿的殘缺模樣，人民就很容易產生他在政治和道德上也有殘缺的印象，金正恩在處決之前，為了創造處決的名分，

電影《紅字》（1926）

黑色背景上的紅色字母 A

由於丈夫生死不明，赫絲特．普林懷孕後暴露出通姦的實情。清教徒社會中通姦原本是死刑，但作為替代，她被命令在死刑台上站立三小時，並且終生在胸前佩戴恥辱的標記，字母 A。由於這個烙印，赫絲特在清教徒社區變成異質的存在，並且產生了一種「特殊的感覺」，可以感受到其他人內心所隱藏的罪惡。

先讓他變成可惡的人。如果《時代》雜誌只是為了讓讀者看到曾經的國家英雄辛普森是醜惡的殺人犯，因此調整照片的暗度，那麼北韓就是很乾脆地摧毀了張成澤的身體。

當仇恨的情緒走向極端時，就會引發「殺了那傢伙」的行為。美國南北戰爭中敗北的南方，一部分極端的白人組成的三K黨是典型例子，他們都是仇恨黑人的白人至上主義者，他們不是因為自己優越（優越的話就不會在南北戰爭中失敗）而仇恨黑人，而是用仇恨黑人來證明自己更優越。三K黨必須藉由消除黑，來證明自己的白，若說黑是惡魔，白就必須是天使，他們以頭上戴白帽、身上披白袍的裝扮出沒，並不單純是偶然，必須以白色之善的名義來懲罰黑色之惡，對惡的寬容或仁慈意味著和惡妥協，人們若是站在善的那一邊，就必須更仇恨並憎恨惡。在充滿仇恨的意識下，他們綁架黑人，進行殘酷的拷問，然後殘忍殺害，如果這樣還無法消除對惡的仇恨，就割下黑人的生殖器丟入火堆，並且開心笑著，陶醉於自己消除惡的善行中。

這樣的仇恨邏輯發展為「必須殺了那傢伙我才能活下去」，那些該死的人身上都應該清楚地打上烙印，讓天底下有眼睛的人都能一眼就認出來。一方面，有著像傳染病一樣過於可怕和可恨，所以該死的人；另一方面，一群有著善良和純潔的人，為了不被惡感染，一定要跟那些必須被撲滅的人搏鬥。後者擁有審判、定罪和懲罰前者的權利。

要挑戰這種仇恨的邏輯並不容易，描述韓國戰爭的文學作品中經常出現的場景之一是人們一起辱罵並吐口水的畫面，在辱罵共產主義時，如果某個人獨自沉默，就會被視為共產主義者，不去仇恨的話，就會遭受仇恨，因為這樣，要打破仇恨的惡性循環變得困難。看看美國作家哈波·李（Harper Lee）的小說《梅岡城故事》（*To Kill a Mockingbird*）吧，故事背景是一九三〇年代初，種族歧視十分嚴重的南方小鎮，書名中的「知更鳥」這個詞已經透露許多訊息。知更鳥象徵那些即使本身沒有理由去討厭和辱罵，但只要有人開始辱罵，就會跟著討厭和辱罵的人們，白人即使知道黑人是善良的，也會在大氣圍影響下而去厭惡和仇恨黑人，書中主角亞惕律師為了打破這種仇恨的惡性循環蔓延，甚至不得不冒著生命的危險，由於他不像其他人那麼討厭黑人，鎮上的人就稱他為「黑鬼的愛人」。

不過，對抗仇恨是必須有死亡的覺悟一般，那麼危險的事嗎？例如，種族歧視明顯是基於偏見，只要試著稍微思考一下，幼兒園的孩子們也能知道那是不對的吧？然而，仇恨的情感不會因為追究對和錯就輕易地消失，如果和自己沒有利害關係，也許可以冷靜又中立地判斷，但是如前所述，仇恨是比利害關係更強力的動機，亦即和自己的主體性想分也分不開，對黑人他者的仇恨不是對錯的問題，而是交織著主體性問題。《梅岡城故事》的背景是美國南方的阿拉巴馬州，南北戰爭的失敗和一九三〇年代的經濟大蕭條，讓當地居民產生被害意識，認為自己雖然是白人，追究起來可能比黑人還差，陷入白人的自我仇恨，那些無法迴避這種仇恨感，沒有勇氣面對的人，將自我仇恨投射到黑人他者身上，他們必須藉由否定他人來肯定自己。

③ 仇恨和主體性

憎恨的悖論，自我仇恨即自愛

哲學的歷史和哲學家的自我仇恨密不可分，怎麼可能不仇恨自己而談論哲學呢！思考是偉大的，但思考的身軀卻像動物般卑賤；思考是自由的，但身體受時間和空間束縛。若思考是天，身體就是地；若思考是頭，身體就是生殖器和肛門。身體會散發臭味，高尚的哲學家怎麼可能不仇恨身體呢？勞倫斯鄙視因生病而呻吟、因寒冷而顫抖的身體，身體不符合他的期望；沙特痛恨身上乾癟又鬆垮的皮膚，但是勞倫斯和沙特的自我仇恨並未走向自我傷害，而是成為精神跳板，勞倫斯以自我仇恨為跳板，成為面對劇痛仍不屈不撓的斯多葛主義式英雄；而沙特得以探索自由的哲學。

就嚴格的意義來說，自我仇恨並非仇恨自我，而是為了在精神層面肯定自己，將肉體的自我他者化並仇恨之，為了愛那優越的自我，因此仇恨那劣等的自我。從這個角度來看，仇恨是一種提升自我的策略，為了向前跳躍而先後退一步，一個人如果不否定現在的自己，如何展望未來的自己呢？自我仇恨可說是自愛的另一種表現，美和仇恨之間是密不可分的關係。韓國作家宋基元長期在嚴重的自我仇恨中掙扎，他在自傳體小說《美好的面孔》一書中寫著：「在某種程度上，對我來說或許美和自我仇恨終究是相同的意義。」

該小說主角是一名男子，自我仇恨到將小學和中學畢業紀念冊中自己的照片毀掉。他並不是從小就有這樣的仇恨感，童年時期雖然貧窮，但還算幸福，在小販父母羽翼下像「雜草」般成長，市場特有的樂觀和自由氣氛滲入他的身體，「我還是嬰兒時，就被媽媽背在背上，整天都和她在市場生活。稍微長大一些，在四、五歲時就已經不在媽媽背上，和其他孩子一起成為小商人，在市場上跑來跑去。」他周圍的人都是小販，當他離開這樣的小販故鄉，進入位於道廳的高中就讀，自我仇恨才開始滋生。他首次感受到未曾想過的貧富差距和文化隔閡，和家世良好、穿著好衣服的同學相比，自己無比寒酸又難看，越是羨慕那些同學，病態的自我仇恨就越深刻，直至無法忍受而退學，此後，他的生活是一連串的自我仇恨，「回首過去，每一次都伴隨如嘔吐一般的仇恨感。」讓他擺脫嚴重自我仇恨的契機是文學，透過文學領悟到自我仇恨其實是美麗的另一個面貌，自我否定其實是自我肯定。

第一次陷入的自我仇恨，說不定會是日後華麗盛開、美麗之花的嫩苗吧？嫩苗會朝向大地延伸，長出第一條根吧？在大地中堅固生根後，接著朝向藍天生長，形成幼莖吧？再從幼莖上伸展枝椏，長出葉片進行光合作用，滋養全身吧？經過無數的白天和黑夜，在某個露水盈盈的清晨，會有緊閉的花苞吧？日後會變成惡之花或毒花，目前還無法預測。

對於宋基元來說，美與醜密不可分，認識到醜即是美的開始，但是在他年輕的時候，他認為自己無法從自我仇恨的泥淖中解脫出來，當時，仇恨會成為美的果實還是毒藥，仍然無法確定。

在他者的文化中生活的少數者，一生中必然至少經歷過一次自我仇恨的痛苦，在美國出生的韓裔美國人也不例外，像韓美混血的美式足球選手海因斯·沃德（Hines Ward）那樣，在個人領域取得傑出成就的人，年輕時也曾發現自己的臉和白人長得不一樣，從而經歷了自我仇恨的階段，和宋基元一樣，對於海因斯·沃德來說，那樣的自我仇恨成為他自我克服並成長的正面跳板。

《百萬富翁的免費食物》是知名的韓裔美籍作家李珉貞的自傳體小說，正如高中時的宋基元，她一到美國耶魯大學就讀，就對白人目光中的自己感到羞愧。之前她「在紐約成長，那裡充滿各式面孔和身材的人種」，不曾有過外貌情結，但是，在白人占多數的耶魯大學，美的標準也是白人的，生平第一次，她「感受到自己的身體特徵不受歡迎」，和典型的白人美女不同，她「臉圓、鼻子扁平、眼睛小」。

現在她成為外貌多元主義者，發現韓國人擁有不容美國人小看獨特的美，她認為那些以白人的外貌為標準，去做雙眼皮或隆鼻手術的人是自我仇恨者[15]。

和宋基元與李珉貞相反的是，自我仇恨惡化為自我毀滅，因為無法從自我否定的階段前進到自我肯定的階段，全然被他人的目光所虜獲，自我仇恨占據本質的位置。一九九三年獲得諾貝爾文學獎的黑人女作家童妮・摩里森（Toni Morrison）的小說《最藍的眼睛》（*The Bluest Eye*），主角佩克拉是自我仇恨的典型，佩克拉是一名醜陋的女孩，更確切地說，她認為自己很醜陋，因為她沒有白人那樣的藍眼睛和白皮膚，「佩克拉坐在鏡子前面好幾個小時，急切地想要找出她醜陋外貌的祕密。她認為自己太醜，所以學校裡的老師和朋友才會忽視或藐視她。」她認為自己和白人不一樣的這個事實，不是差異而是醜陋和劣等，然後將自己的不幸和絕望歸咎於她的黑眼睛和黑皮膚。

童妮・摩里森對佩克拉的自我仇恨提出以下的問題：「誰說她醜了？誰讓她覺得與其生來是黑人的身體，身體殘疾可能還比較好？是誰看著她說她不符合美的標準？」無可否認的是，白人至上主義在下意識中對她施加壓力，然而，更致命的是她母親保琳，身為富裕白人家庭的保姆，她認為她所照顧的白人孩子比親生女兒美麗千百倍，她愛他們勝過於女兒。

那麼，一方面有宋基元和李珉貞，另一方面有佩克拉，他們之間有什麼不同？如果前者透過自我仇恨的迂迴之路認識到自己的美，那麼後者為什麼永遠無法擺脫自我仇恨的陷阱呢？佩克拉沒有摔倒後再次站起來的自我恢復彈性。為什麼沒有呢？原因是她的母親保琳。宋基元和李珉貞在飽受他者的目光之前，都擁有從父母那裡得到愛的經驗和記憶，他們都曾經處於可能被他者永遠吞噬的危機中，讓他們擺脫危機的是愛和幸福的經驗。美麗是什麼？世上還有什麼比母親眼中映照的

---

15 關於李珉貞的故事，是根據她二〇〇九年二月十日於《朝鮮日報》發表的專欄文章，〈乾脆讓大韓民國整形〉，以及Interpark中BookDB刊登的訪談〈「第二個珍・奧斯汀」韓裔美籍作家李珉貞〉，http://news.bookdb.co.kr/bdb/Column.do?_method=ColumnDetail&sc.webzNo=27227&Nnews

孩子模樣更美麗、更可愛呢？遺憾的是，佩克拉一次都不曾從父母那裡得到愛。

在這一點上，讓我們再次思考什麼是仇恨。從生物學來看，仇恨是對毒物和穢物等危害生命延續的本能抗拒，是將進入體內就會造成威脅的他者往外推開，然而，我們不是只對威脅生命的事物感到仇恨，可能破壞主體性的事物也是仇恨的對象。

自愛是想要延續和維持自我存在的渴望，就像定言令式一樣無條件且絕對。心理學家佛洛伊德（Sigmund Freud）主張，人們內在的本質有自我毀滅的衝動，若是沒有這種衝動，就不會有人自殺或自殘。但是，我認為自我毀滅不是本能，自殺的人是因為無法擁有期望的幸福生活，出於絕望而毀滅自己，如果對幸福生活沒有期望，只要活著就可以，那就不會有自我毀滅。

自愛的對立若是自我仇恨，自我仇恨的對立就是他者仇恨，正如我們之前討論過的，他者仇恨和自愛之間的界線並不明確，因為觀點不同的話，自我仇恨可以是自愛的表達方式，那麼，自愛是否也會以他者仇恨而表現？當李珉貞入學耶魯大學時，她意識到白人學生用陌生的眼光看她，當時那些學生是仇恨她與眾不同的身體嗎？宋基元的高中同學是因為他家貧窮而仇恨他嗎？他者仇恨的代表性例子是種族歧視、外國人仇恨、女性仇恨、身障者仇恨、同性戀仇恨等，如前面提過的，闖入佛羅里達州同性戀酒吧亂槍掃射的青年，或是闖入日本身障者機構對身障人士揮刀的青年，他們會是愛自己的人嗎？我不這麼認為。如果自我仇恨的人是在鏡子中發現自己的缺點，他者仇恨的人則是藉由找出他人的瑕疵來隱藏自己的缺點，試圖以討厭和怨恨他人來喜歡和愛自己。

美麗的身體和醜陋的肉體

大便為什麼令人厭惡？幼兒看到自己的糞便時會好奇地坐下來，用手摸著玩，他們感受不到大便是骯髒的。在印度如果走路不小心，很容易踩到狗便或牛便，因為街道上到處都是，被踩踏過的大便上，蒼蠅成群地飛舞，印度人也和幼兒一樣不覺得大便骯髒嗎？外國人會因為厭惡而皺眉並移開視線，但印度人似乎毫不在意，露出自然的表情。

法國作家儒勒．何納（Jules Renard）的自傳體成長小說《紅蘿蔔鬚》中，有一段主角吃自己大便的情節。他的髮色火紅、臉上布滿雀斑，媽媽很明顯地輕視他，以至於發生了讓他吃下大便湯的事件。為了改掉紅蘿蔔鬚在床上便溺的習慣，媽媽用了極為殘忍的方法，她用木鏟將被子上的大便放進湯裡，然後用湯匙強迫他吃下，她接著露出一臉噁心的表情說：「啊，太髒了。你知道你現在吃了什麼嗎？你現在吃了『那個』，你把自己拉的那個放入嘴巴，然後吞下去！」光是想像都令人作嘔。不懷好意的媽媽這麼說，期待她的兒子因為驚嚇而大吵大鬧，但是，她想錯了，紅蘿蔔鬚冷冷地回答說：「我知道。」他不想滿足壞媽媽的期待。

紅蘿蔔鬚的媽媽為什麼要告訴他湯裡加了大便呢？如果不說，他就不會知道。大多數人在知道實情後會作嘔，將已經進入胃的東西吐出來，然而，如果不知情，無論是排泄物還是食物，都能愉快地吃下，甚至可能覺得更有風味。中國導演張藝謀一九八八年的電影《紅高粱》取材自高粱酒釀造，主角余占鰲為了報復酒廠老闆，在新的高粱酒桶裡撒尿，沒想到酒味出奇的好，更以「十八里紅高粱」為名，成為暢銷酒。

此外，還有看到大便而產生性興奮，即所謂的嗜糞癖（coprophilia）。音樂家莫札特（Wolfgang Amadeus Mozart）在結婚前曾經有嗜糞癖，證據是他所寫的信中經常出現肛門、屎、放屁、排便行為等詞彙和描述。一般而言，嗜糞癖是指在進行性行為時，以大小便來追求更多性快感的人，或是看到大便、看著別人排便會感到性興奮的人，這樣的人並不是極少數的特例。二〇一三年，一名住在水原市的四十多歲女性涉嫌販賣自己的排泄物，以及包含上廁所畫面的影片而遭到了逮捕，據說她從二〇一〇年開始，在三年的時間裡，以郵寄銷售方式將排泄物和影片賣給三千人，所得約新台幣兩百七十二萬元，這說明了我們所厭惡的大便也有愛好者。

像嘔吐物那麼令人厭惡的東西並不多，清晨的街道上經常可以看到酒醉的人前一夜的嘔吐物。大小便是放入口中的食物消化之後從肛門排出，嘔吐物正好相反，食物在消化之前從胃部逆流上來，從口中吐出。這時胃會痙攣，臉因為血液湧上而漲紅，眼睛充血，隨之而來的是疼痛。儘管如此，嘔吐有助於身體的自我保護。食物中毒時，透過嘔吐可以排出胃裡面滋生的毒素，即使不是食物中毒，過度飲酒或吸菸等造成胃壁變薄，導致胃酸逆流和嘔吐，在這些情況下，嘔吐是胃壁已經受損的訊息。懷孕時常見的噁心、暈車、頭暈、嘔吐等症狀也是如此，當懷孕使身體失去平衡時，就會出現這些症狀。

上述這些嘔吐是為了保護身體的生理性機制，另外也有心理或道德原因所引起的嘔吐，例如有「光是想到就想吐」、「光想就厭惡」等說法。看見大便就性興奮的人，光是想像他們的模樣就讓人想吐，至於吃人肉，更是說不出的恐怖。奧斯卡．洛何（Óscar Rojo）導演二〇一三的電影《地下餐館》（*Omnivores*），內容是一群品嚐過世上所有山珍海味的美食家，他們在追求珍貴料理的過程下，最後吃了人肉，觀眾即使知道電影的主題是批評過度的貪慾，在看到吃人肉場景時還是免不了感到厭惡。著名的文學作品中有關吃人肉的情節，可用拜倫勳爵（Lord Byron）的《唐璜》（*Don Juan*）為例，發生船難的乘客搭上救生筏，在茫茫大海中飄流，在瀕臨餓死之際，他們透過抽籤選出犧牲者，然後吃了他們以延續生命。把人抓來吃！這不是放棄了人格，變成野獸的恐怖行徑嗎？光是想像就噁心。因此，無論是文學還是電影，吃人肉的人結局必定是死亡，在《唐璜》中，他們因瘋狂而死；在

《地下餐館》中，他們因中毒而死。

吃了毒會喪命，吃人肉則遭受社會性死亡，這是喪失作為人類的主體性，這時候產生的厭惡感是人類對於死亡的恐懼反應。不只是人，在古希臘神話中，神在吃人肉的瞬間亦失去光榮與威嚴，特洛伊戰爭的聯軍統帥阿加曼農的家族受到詛咒，原因就是向神獻上人肉，阿加曼農的祖先坦達羅斯，身為宙斯之子而獨占眾神之愛，出於自己比神更優秀的自滿之心，他邀眾神赴宴，並殺死兒子珀羅普斯烹煮成菜餚，眾神事後才知道這件事，即刻的反應是嘔吐，厭惡和憤怒讓他們全身發抖，將入口的食物吐了出來。他們的憤怒來自於可能會因此失去神的主體性，自我的主體性危機反射性地引發厭惡感。

近親相姦或是弒親等犯罪尤其令人仇恨的原因，就是喪失了身為人的主體性。二〇一六年初，韓國京畿道富川市發生一起父母毆打小學生兒子致死並棄屍的案件，當時新聞報導的標題是「殺了孩子還吃得下飯嗎」。殺死孩子的父母，自己也應該去死才對，怎麼能夠活著還吃得下？動物尚且不會殺自己的孩子，就算強迫將食物放入口中，殺子而產生的自我仇恨感，也會引發嘔吐不是嗎？因為意外事故而失去子女的母親，甚至無法下嚥，韓國作家朴婉緒就是如此，一九九八年一場交通事故帶走她的獨子，日後她在《請您說一句話》一書中，記述對神的怨恨、絕望和痛苦，以及在痛苦中呻吟的經歷，書中吐露失去兒子讓她生存的意志蕩然無存，食不下嚥，直到某一天，突然開始吃得下。

早上吃了一碗煮得滾燙的鍋巴飯，感覺到彷彿乾裂的舌頭和食道一陣暢快的疼痛，味道也很香。女兒眼中閃著亮光，看起來很喜歡。這樣下去，看起來可以逐漸飲食並生活了。但是一這麼想，立刻又覺得不可以這樣，產生了抗拒。想到孩子早逝，母親卻為了生存而將食物塞進嘴裡，讓我厭惡到想吐。強烈的噁心湧上心頭，早上吃下的飯全都吐了出來。然後，感覺到放鬆，心裡變得平靜。精神與肉體所想的達到一致，讓我放下心來，能夠好好睡上一場午覺。

吃下飯後為什麼非嘔吐不可，沒有必要多解釋，她的身體虛弱到幾乎無法支撐的程度，身體需要養分來維持生命，從延續生命的本能來看，拒絕食物是自相矛盾的，但是她厭惡這種延續生命的盲目本能，她需要確認自己是失去孩子的母親，而不是盲目跟隨生活要求的本能，因此，當飯嚥得下去之際，她也被身為母親的主體性即將消失的恐懼所俘虜，而「強烈的嘔吐」則證明她仍然是孩子的母親。

為了主體性的仇恨

仇恨是自我身分認同的一部分，如果我喜歡這個世界上所有的東西，那就等於我沒有個性或主體性，喜歡所有的事物是失序的狀態，有喜歡的東西必然會有討厭的東西，有愛的東西必然也有仇恨的東西。「什麼東西令你厭惡？」根據對這個問題的回答，我們可以猜測對方的性情或人品。任何人都希望生活中能充滿自己享受和愉悅的事物，反之，帶來悲傷和痛苦的事物就如同傳染病，身體會想要迴避，我們對於造成傷害、威脅和不幸的事物產生仇恨感，這時的仇恨感反映我們對人性化、高品味生活的渴望。如果厭惡毒藥是生物學上的自我防禦機制，仇恨不符合我們個人品味的事物就是個人主體性的防禦機制，前者確保我們的生命，後者確保我們的主體性和人格。

由於仇恨和主體性的關係密不可分，因此當主體性的位置改變時，仇恨的對象也會改變。在古希臘，女性化的男人，亦即在人際關係中被動的男人，是被蔑視的對象，此外，那些不知輕重和進退的人也是被仇恨的對象。古希臘詩人荷馬（Homer）的史詩作品《伊里亞德》（*Iliad*）中登場的諸多英雄和士兵，其中最令人厭惡的人物是特爾西特斯，他因為毀謗軍隊指揮官而被奧德修斯鞭打，淚流滿面的他雙腿短而彎曲、肩膀向內縮，模樣醜陋。如果言行令人厭惡，外表也會看起來可恨，然而，若是在一個被浪漫主義主宰，反對既定秩序和權威的時代，特爾西特斯可能會被視為英雄，像拜倫和席勒（Friedrich Schiller）這樣的作家，他們喜歡描寫的主角不都是叛逆、異端或義士嗎？

此外，在重視靈魂健康的中世紀，性慾、貪婪、暴食等肉體的慾望是被輕蔑和仇恨的對象，但丁在歌頌對碧雅翠絲的愛〈新生〉一詩中，沒有對她的外貌做任何描述，因為重要的不是外貌，而是美麗的靈魂。

但丁《神曲》中的〈地獄篇〉則精采地呈現仇恨的對象隨著歷史而變化的事實，他根據罪行的程度，將罪人配置在地獄的各個地方受苦。地獄裡包括陷入不義之愛的戀人，保羅和法蘭西斯卡在閱讀蘭斯洛特與桂妮薇的故事而陷入愛河，得到在地獄裡遭受猛烈的暴風雨懲罰，這種因為愛的激情而犯的罪行（crime of passion），在相對寬容的現代文化中是難以理解的懲罰。只是認為相愛有罪，就必須在地獄遭受無盡的懲罰！但是在這個毫無希望的地獄中，最讓人驚訝的罪犯是布魯圖，他暗殺凱撒是為了阻止他廢除共和制並將羅馬變成獨裁國家的野心，享有崇高的正義名聲，但是但丁將他歸類為在世上犯下最邪惡且惡劣罪行的罪犯，不僅如此，還讓他在地獄中最痛苦之處和猶大一起接受被撕裂的懲罰，魔王路西法就像撕扯魷魚一樣，撕下他的四肢，然後放入口中咯吱咯吱咀嚼。為什麼他要受到這麼狠毒的懲罰呢？因為他背叛了凱撒的友情和信任，但丁認為世界上最偉大的美德是友情，最令人唾棄的惡行是背叛，他認為和友情相比，守護國家的自由不值一

但丁·加百列·羅塞蒂（Dante Gabriel Rossetti），〈亞瑟王之墓〉（1855）

蘭斯洛特和桂妮薇的最後相遇

英國畫家但丁·加百列·羅塞蒂是前拉斐爾派的代表性畫家之一，有許多取自神話、聖書、文學作品的創作。英國作家湯瑪斯·馬洛禮（Thomas Malory）所寫的〈亞瑟王之死〉（*Le Morte d'Arthur*），是世上最早發表的英文散文，文中一開始描繪騎士蘭斯洛特和皇后桂妮薇在亞瑟王的墓地相遇。在亞瑟王逝世後，桂妮薇皇后進入修道院成為修女，拒絕會見前來找她的蘭斯洛特。那是他們的最後一次會面，「請給我最後一次吻。」皇后回答：「我不能那麼做，也不允許你那麼做。」然後就此離別。

提，友情和信任是價值的試金石。

如果忽略對同性戀的強烈仇恨感，就無法完整了解仇恨的歷史。然而，同性戀並非一直都是被仇恨的對象，在古希臘和羅馬，同性戀是公認的習慣之一，除了女僕和藝妓之外禁止其他女性出入的地方，例如由男性組成的軍隊等同性友愛（homosocial）空間，容許男同性戀的情況並不少見，從這一點來看，特別是在古希臘，男同性戀是公認的文化，在柏拉圖的《饗宴》（*Symposium*）中，甚至有人物主張同性戀比異性戀更適當。然而，進入中世紀之後，每當有機會就強調性的節制和禁慾，對同性戀的態度也產生一百八十度的轉變，曾經是男性文化一部分的習慣，現在被加上違背人倫和天理，最令人仇恨的犯罪烙印，是比強姦更羞恥的罪行。人們認為血氣方剛的年輕人有可能因為無法控制情慾而犯下強姦，是可以被原諒的罪行，相比之下，同性戀是違反自然法則的重罪。中世紀的神學家認為性行為唯一且正當的目的是生育，任何偏離這個目的的性行為都不可原諒，強姦至少還有可能導致懷孕，因此不像同性戀那麼天怒人怨。當然，強姦是犯罪，這一點並無爭議，但不像同性戀那樣是違背自然和神意的極惡罪行。對同性戀的仇恨沒有在中世紀落幕，一直到十九世紀末，甚至是連說出口都會受到社會譴責的可恨罪行。

什麼是令人厭惡的行為？我們無法準確地指出，因為仇恨的對象會根據個人的性格和偏好而不同，但是，個人的偏好不是在真空中形成的，而是受到社會影響，考慮到這一點的話，那麼仇恨的對象就不是常數，而是歷史和文化的變數。同性戀是最典型的例子，十九世紀下半葉的作家奧斯卡．王爾德（Oscar Wilde），原本在歐洲享有盛名，卻因為同性戀醜聞而墮落，成為最令人仇恨的人物。僅僅二十年前，同性戀在韓國仍是無法啟齒的禁忌詞，在二〇〇〇年公開出櫃的藝人洪錫天遭受各種羞辱和傷害，足以為證。但是現在，不僅有以同性戀為主題的電影，電視上也有描寫同性伴侶的劇集，反映出人們對同性戀的態度變得比較寬容，公然仇恨同性戀的人反而會受到人們指責。這種變化告訴我們什麼事實呢？沒有令人仇恨的人，只有看待別人的仇恨情感和態度，而且這種情感和態度處於不斷變化的過程中。

④ 女性仇恨，還有女性貶抑

從幾年前開始隱約吹起的女性仇恨微風，近來已成為狂風暴雨，二〇一六年五月十七日，一名二十多歲的女性在江南站附近的廁所被殺害，使得原本就很熱烈的仇恨論戰變得更火熱，焦點集中在這起犯罪行為是否來自女性仇恨。儘管警方正式宣布是精神疾病所造成的偶發事件，但部分女權主義者認為根源在於女性仇恨，於是，在韓國以Ilbe和Megalia這兩個代表性的網路社群為中心，強調男性和女性的差異，激化兩性之間的衝突，並且形成敵對的戰線，導致群體極化（group polarization）的現象。

女性仇恨是什麼？英文中的「misogyny」意指女性貶抑，廣義來說，可以總稱為父權制的歷史、文化和制度下所產生的習慣、語言、思想、態度與情感等。認為「女性應該這樣或那樣」的觀念和期望，都不免有女性仇恨的嫌疑，在這種情況下，所有男性都可能被歸咎為厭女者，因為沒有一個男人不受支配世界長達四萬年的父權制所影響。

然而，將所有男性都歸咎為厭女者真的合適嗎？說所有男人都厭女，豈不就像主張「男人就是男人」那樣，陷入了同義反覆嗎？為了避免這種同義反覆的陷阱，有必要限制女性仇恨的範圍，不是所有男人都會歧視、忽視或貶低女性，也不是女性就不會有這樣的仇恨，不是有句話說「比起打人的婆婆，勸阻的小姑更可惡」嗎？

仇恨是討厭且怨恨的情感，強度到達無法克制的程度。在網路社群平台的貼文和留言中，有很多令人毛骨悚然的女性仇恨言論，這些言論讓人感覺像是在硫磺火焰中燒得通紅的惡魔舌頭，如同殘酷地折磨並殺害女性的連續殺人犯，或者看起來像被害妄想症患者。沒有一個男人會無緣無故地仇恨女性，他們可能認為女性奪走他們應當有的幸福和快樂，怨恨的心情終至發展成仇恨的情感，長期以來受父權制保障，以男性為中心的世界，逐漸全盤讓渡給女性，因此而產生危機感和失落感的男性不在少數，然而，我認為這種情感從積極主動的意義上來說，不算是仇恨。

仇恨的典型例子是充滿憤恨的眼神、詛咒的眼神、惡魔的眼神，神學家聖奧古斯丁（Aurelius Augustinus）早就在《懺悔錄》（*Confessions*）中寫到，一名幼兒發現鄰居的小孩在吸自己媽媽的奶時，怒氣沖沖、眼神充滿忌妒，應當屬於自己的母愛被搶走，連幼兒也會展現惡魔的眼神。我們「應當」擁有並享受的快樂和愛，被別人奪走時所產生的委屈、憤怒和受害意識擴大的話，我們就可能變成惡魔。

如同「耳懸鈴，鼻懸鈴」（韓國俗語，意指任何事實都可以有多種解釋），女性仇恨的定義因人而異，向外延伸可以擴大到父權制的習慣和態度，也可以縮小到惡魔的眼神，即使用「女性貶抑」來表達，也無法解決定義上的困難。女性仇恨究竟從何處開始，到哪裡結束？學者們進行辯論時，口中說的是相同的概念，心裡想的卻是完全不同的現象，沒有比這樣的態度更消耗精力和沒有意義。

我認為沒有必要非得用歐洲背景下的女性貶抑來理解女性仇恨，對於父權制也是如此。聲稱父權制等同女性仇恨，是一種過度概括的謬誤，在這一點上，有必要從制度或結構來區分所謂的仇恨情感，我們有可能主觀上感覺不到，卻在無意識中反覆進行，亦即在父權制下的女性仇恨或偏見可能已滲入體內，那麼，傳統意義上的女性仇恨是什麼？

女性仇恨的傳統和文化

女性仇恨是西方宗教和神話中常見的主題之一，古希臘時期和基督教傳統將女性描繪成比男性低等和不完整的存在，不僅如此，人類各種不幸和痛苦的根源都來自女性，例如，如果沒有夏娃的誘惑，亞當就不會犯下採食禁果之罪，就能夠永遠在伊甸園中幸福地生活。人類的第一個女性潘多拉打開盒子的神話也是如此，艾比米修斯被潘多拉的美貌所吸引並向她求婚，出席婚禮的賓客都精心準備了禮物，在不計其數的禮物中，丈夫艾比米修斯囑咐其中一個絕對不能打開，不是有句話說「女人好奇心重」嗎？潘多拉終究無法抑制好奇心，打開了那個盒子，接著，原本被隱藏的疾病、痛苦、死亡和不幸等，折磨人類的所有惡事都從盒子中跑出來，人類不幸的源頭就是潘多拉。這兩個神話所主張的內容很清楚，由於女性犯了過錯，無辜的男性才會背負不幸。

哲學在這樣的女性仇恨神話也增添了一筆，哲學傾向於將對錯、善惡、精神與肉體、靈魂與物質、自由與束縛、天與地等所有事物，以二元對立的方式看待，對人類也不例外，認為一方面是超越性、理性的存在，另一方面則像動物一樣，是感性、本能的存在，具有兩種相反的特質。有問題的是，包括柏拉圖和亞里斯多德在內，大多數哲學家將理性定義為男性的本質，將情感和本能定義為女性的本質，男性是追求真理的精神存在，女性則是沉溺於飲食肉體的存在，這種男女對立的框架助長女性仇恨，原因不言而喻。男性雖然是追求真理、注重精神的存在，但一不小心就可能陷入肉體的慾望，此時的肉體是女性化的，男性如果不疏遠並仇恨女性，就無法實現自己的潛在可能性，女性是阻礙男性展翅飛翔的鉛塊，不是女性的所做所為，而是女性這一存在的本身，就對男性的精神造成威脅，在這種情況下，男性越是仇恨女性，越能躍升為更超越的存在。

若說夏娃和潘多拉的神話是從女性的「行為」中尋找人類不幸的根源，哲學則是將女性的存在本身視為對男性理性的威脅。前者的視角是倫理的，後者是存在論的，儘管有這樣的差異，兩者都賦予男性特權地位，這一點是相同的，好事歸功於男性，壞事則是所有女性的錯，對於男女平等的現代社會來說，是難以理解的觀念。然而，我們必須記住，在人類漫長的歷史中，男女平等其實是近代才實現，直到二十世紀初期，女性仍然難以像男性一樣接受正規教育，正如英國作家維吉尼亞·吳爾芙（Virginia Woolf）在《自己的房間》（*A Room of One's Own*）一書中所嘆息的，當時女性無法使用圖書館，讀大學就更不用說了，閱讀和寫作都曾經是男性的專利，甚至於英國大文豪米爾頓（John Milton）的女兒們也不會讀寫。前面提到的神話和哲學，無一例外都出自男性之手，女性沒有可以公開表達自己的語言和媒介，連「何謂女性」這個問題，也不是女性的提問，而是男性為了自己所提出並且回答，在這種單方面的情況下，男女之間的差異很自然被以有利於男性的方式呈現和書寫。如果男性是觀察、思考與書寫的存在（理性），女性就是被觀看的客體，只不過是肉體。

兩種女性仇恨

存在論上的女性仇恨：令人厭惡的肉體

德國哲學家叔本華（Arthur Schopenhauer）對女性有極大的仇恨，他個人討厭女性還不夠，在《人生的智慧》（*The Wisdom of Life*）中的一章裡充滿貶低女性的惡毒言論，儘管如此，或許是為了塑造客觀且公正地評論女性的印象，標題不是「我的女性仇恨」，而是「關於女性」，對他來說，女性的本質可以簡化為性和養育。用英國演化理論學者道金斯（Richard Dawkins）的話來說，就是為了延續基因、複製自己，基於利己而利用女人的性和養育功能，女人只不過是人類繁衍後代的手段，女人為了達到這個繁衍目的，什麼事都做得到，長時間坐在鏡子前面化妝不是個人喜好，而是為了繁衍目的，是為了吸引男性所做的投資和誘餌。

叔本華認為生產和繁殖不需要智力，「她們天生把一切都視為俘虜男人的手段，她們對其他事物的興趣都是假的，都是迂迴路線，無非是賣弄風騷惺惺作態。」女人和智力未成熟的孩子沒有兩樣，即使年齡增加，也只是「大孩子」，頂多是「介於孩子和男人中間的存在」，即使年紀增加也不會變成熟或者有智慧，但是，這不代表女性像孩子一樣純真無邪。叔本華對女性極盡各種詆毀，奸詐、狡猾、擅長說謊和欺騙，女人如果不誘惑男人，怎麼可能完成繁殖目的呢？

叔本華認為女性的身體完全是一種目的論的設計，女性的「狹窄肩膀、大屁股、短腿，讓男性目眩，極盡可能地刺激性慾」，是程式化後的結果。然而，刺激男性的這種女性身體之美無法恆常持續，在達成生產和養育目的的那一刻，美麗也走到了盡頭，叔本華為了強化自己的論點，以螞蟻作為比喻，「就像一旦和公蟻完成交配，母蟻的翅膀在產卵時沒有用處，只會造成阻礙，因此會脫落一樣；女性一般也在生了兩、三個孩子後姿色迅速衰退，這些都是相同原因下的類似現象。」

叔本華的女性觀不是哲學論述，更接近庸俗的「色情故事」，他的女性觀也不是什麼創新的觀點，包括柏拉圖和亞里斯多德在內，西方思想家無一例外都有貶低女性的言論，他們主張不同於理性的男性，女性就像動物一樣有得吃喝就能滿足，擁有低等的靈魂。從現代人的角度來看，他們對女性的惡感是需要做心理諮商的程度，為什麼他們必須如此貶低占人類半數的人口呢？即使考慮當時的時空下女性無法接受教育或者參與公共活動，亦即在父權社會體制中女性沒有機會可以證明自己的能力，哲學家對女性的貶抑仍然顯得過於極端。宗教當然也助了一臂之力，不是說女人受蛇的引誘而偷吃禁果，不僅如此，還讓亞當也一起墮落嗎？叔本華的女性觀只不過是重新審視傳統的女性觀而已，要說有什麼新意的話，就是誇張的修辭手法，「賣弄風情的猴子」或「一旦生產就失去翅膀的母蟻」等表達，這只是他作品中極小的一部分。

是什麼根深柢固的怨恨讓叔本華這麼仇恨女性呢？有許多學者認為，母子關係是他仇恨女性的原因，如果說他的母親和當時理想的母性形象相去甚遠，沒有人會有異議，她充滿了藝術家氣質，無法忍受束縛，和丈夫的關係不好，也沒有心思打理家務，兒子經常被忽視，她只關心文化、藝術、社交等活動，和叔本華所描述的女性相去甚遠。若是依照叔本華的標準，他的母親在知識上更接近男性，她顯然沒有盡心盡力地照顧兒子，然而，她可能有著自己的理由。叔本華是個挑剔、孤僻又固執的孩子，原本就不好的母子關係，隨著他成年更加惡化，最後終其一生都不願再見到他的母親。

叔本華的女性觀極為矛盾，未能從女性那裡獲得愛的他，似乎乾脆以否認女性本身，藉此來克服自己的創傷。就像眼前的葡萄令人垂涎，但因為手摘不到而吃不了，只好試圖以「反正葡萄很酸」來自我合理化。從另一個角度來看，他對女性的貶抑看起來像是讚美，眾所周知，他以女性只知道生產和養育來貶低女性，然而他似乎也懷抱著一種願望，希望自己的母親能夠只專注生產和養育。

在討論女性仇恨時，不可漏掉的思想家是奧托．魏寧格（Otto Weininger）。他

愛德加・竇加（Edgar Degas），〈星〉（1878）

獨自生活的「舞者畫家」

小時候目睹母親外遇的竇加，經常被歸類為女性仇恨畫家。在他的畫作中，女性的臉部總像是被輾壓過，以至於表情模糊不清，沒有投射出她們的內心。他喜歡畫跳芭蕾舞的女性，他曾經說過是因為能夠呈現多樣的動作。人們對竇加畫作的解讀之一是，畫中的女性有具體的肢體動作，但卻難以在表情中發現象徵人格的特質。

被認為既是天才又是精神病患，經歷跌宕起伏的人生，二十三歲時出版《性與性格》一書，然後自殺結束生命。據說他為了自殺而物色地點，最後選擇了音樂家貝多芬（Ludwig van Beethoven）的出生地，儘管被譽為偉大的天才，貝多芬的晚年不是極度貧窮與不幸嗎？他的遺體不是被安葬在平民公墓裡嗎？魏寧格說不定是把自己和貝多芬同等看待。他是極端的理想主義者，在和理想對照下，生病與衰老而死亡，生物學上日常的飲食等，在他眼中極為卑微和俗氣，對於自己必須和俗人、偽善者、卑鄙之徒一樣吃與喝，這個事實令他厭惡，他雖然是猶太人，卻仇恨猶太人，而對女性的仇恨也不相上下。

魏寧格的理想是什麼？他把生命奉獻給自由這個理念，生活的目的唯有實現自由，因此必然厭惡各種束縛、習俗和習慣性的生活，對他來說，猶太人和女性這兩個類別，就是生活被束縛的象徵和實踐。為何偏偏是猶太人和女性呢？他認為猶太人是被猶太習俗、法律和歷史綑綁的傳統的奴隸，反之，女性則是種族延續的奴隸。無論是多麼好的傳統，在成為自由的障礙那一刻，傳統就變成了惡，生產和養育的種族延續角色也是一樣，如果不是自由和自願的選擇，而被視為女性的命運和義務，就成為束縛女性身體和靈魂的枷鎖。那麼，對他來說理想的生活是什麼呢？身為理想主義者，他認為人類內在有神性，最重要的任務是最大化這樣的神性，人最終必須成為神，因此必須先擺脫生物學和制度上的枷鎖。

和叔本華一樣，魏寧格也在性之中尋找女性的本質，性是女性存在的目的（telos）和責任，因此女性在性方面越有活力，生活就越豐富，存在就越有光彩，性是點燃女性活力的燃料，如果性的刺激或活動中斷，女性就失去生活的意義和動力。對魏寧格來說，女性的本質，也就是性，不是指性行為，性的核心是透過懷孕、生產和養育來延續種族，「女性存在的意義只不過是人類和種族延續。」從這個觀點來看，可以說和丈夫發生性關係，然後養育子女，就是女性的使命。魏寧格和叔本華一樣，都認為種族延續的活動不需要理性，女性不是思考的存在，而是本能地感受和行為，情感性的存在，「對女性來說，思考和感覺是一體的，兩者不可區分。」亦即他認為就算是女性的思考，也被性本能所滲透，因此，若是沒有性，女性將一無所有，女性本身會解體並消失。

女性無法擺脫性的本能，不是魏寧格仇恨女性的唯一理由，對魏寧格來說，女性是感染力強烈的存在，男性若是和女性親近，就會變成和女性一樣，成為本能的存在，女性會用各種甜言蜜語誘惑男性，讓他們墮落到像女性一樣，沉溺於種族延續。他曾說女性是阻礙男性自由飛翔的鉛塊，那麼對他來說，男性又是什麼樣的人呢？男性象徵理想、超越、絕對性和自由，「純粹的男性與神同等，也是絕對性的存在。」男性的本質是潛在的神，是擺脫卑微肉體之生老病死的自由靈魂，因此，和女性不同，男性可以有不受情感汙染、純粹理性的思考，從而完全脫離動物性情感和本能，「能夠抗拒性，並且自己從性中抽離的存在」是男性。

簡單概括魏寧格上述的女性觀，最明顯的是恐懼，他對於女性的恐懼，擔心一不小心就會被女性化的事物感染，從而失去男子氣概，被這樣的恐懼所虜獲。這種恐懼對男性來說並不陌生，連續劇常見的主題之一就和這種情感有關，男主角經常苦惱要選擇愛情，還是追隨夢想和野心，在這個脈絡下，如果「女性的」代表與家庭和育兒有關，「男性的」則象徵了廣闊而粗獷的世界。魏寧格心中的男子氣概當然與這樣的世俗慾望有很大的距離，但兩者的共同點是害怕失去自由，如果女性的本質是結婚、生產和養育，那麼在結婚那一刻，男性必然也步入這樣的女性化之路。從這一點來看，魏寧格所思考的男女之別，不是現實中男和女的差異，而是更接近男子氣概和女性氣質這種抽象的差異，他所說的男性和女性是理念型，將男性定義為超越肉體的存在，自然離不開那些理念型的思考，在這一點上，男性和男子氣概、女性和女性氣質並不等同，女性可以有男子氣概，男性也可以有女性氣質。

倫理上的女性仇恨：令人厭惡的行為

古希臘時期流傳下來的女性仇恨傳統，經過叔本華和魏寧格之手，變得更邪惡和刻薄，他們仇恨的不是女性這樣或那樣的行為，而是女性的存在本身，因為他們認為盲目的種族延續生殖本能，就是女性的一切。從這一點來看，女性代表人類的動物性，狼、狐狸，乃至蟑螂、蚯蚓，所有動物都為了延續物種而交配，如果男人也在結婚後生養子女，那和這些動物有什麼不同呢？如果沒有遇見女人的話，男人原本可以成為萬物之靈，卻墮落為動物之流，性消除了動物與人類的差異。

對於叔本華和魏寧格來說，女性仇恨是存在論上的，也是審美上的，沒有必要從倫理上來看。如果是倫理的因素，那麼只要改變行為和態度，仇恨感就能減弱，因為怨恨的不是女性的存在，而是行為，然而，叔本華和魏寧格是仇恨女性本身的代表性人物，更重要的是，他們不承認自己也有性慾，他們必須是超越低等動物的存在，可惡的是，當女性在身邊時，性慾就在不知不覺中開始萌動，這證明了自己是和其他動物一樣的肉體存在，不僅如此，這也提示了自己不過是父母交配後所誕生的一塊肉而已，如果沒有女性，不就可以忘掉這麼羞愧的事實嗎？索性沒有女性的話，不就可以從性慾中獲得自由嗎？就像這樣，對於叔本華和魏寧格來說，女性提醒了他們也是性的動物，一個他們想要忘卻的恥辱性事實。

然而，女性仇恨的類型並非都是存在論，存在論上的女性仇恨，源自於人類對超越的渴望，但不是所有男人都有這樣的超越夢想，實際上恰恰相反，那些拒絕自己動物性的只是極少數的精英，大多數男人屬於叔本華和魏寧格所鄙視的世俗人類，他們是在辛苦又無情的世界中掙扎，為了追求幸福而努力、極為現實的男性，他們討厭任何對幸福造成妨害的事物，不論那是什麼。人類有追求幸福的權利不是嗎？此時，他們所仇恨的是那些妨礙幸福，或者種下不幸種子的「行為」，他們和女性的關係也是如此，他們並不怨恨和討厭女性這個存在的整體，而是認為女性特定的行為會妨礙他們的幸福，因此厭惡和討厭。

為了探討這個觀點，我們有必要參考莎士比亞的著名悲劇作品《哈姆雷特》（*Hamlet*），撇除其他原因，《哈姆雷特》也以極端仇恨女性的對白而聞名，或者可以說是惡名昭彰。首先，我想說的是，和叔本華不同，主角哈姆雷特並不仇恨女性本身，在父親被毒殺之前，他非常愛未婚妻歐菲莉亞，並且已經訂下婚約。他對未婚妻的態度發生轉變，是在得知叔叔毒殺父親之後，他對叔叔的憤怒擴散到母親身上，母親在父親屍骨未寒之前就急忙與叔叔結婚，令他無法原諒，對母親的怒火開始蔓延成仇恨所有女性，借用莫札特歌劇標題來說的話，就是「女人皆如此」

（Cosi fan tutte），後來，他以歐菲莉亞是女人為由，宣布解除婚約。哈姆雷特的女性仇恨源自父親被毒殺這件事，如果父親沒有被毒殺，如果母親沒有和叔叔再婚，他就不會仇恨女性。

在父親過世之前，哈姆雷特的家庭是幸福的，他經常想起父親多麼熱烈地愛著母親，並且更加感到悲傷[16]，父親甚至曾經「擔心吹過母親臉頰的風太尖銳」。讓他極度憤怒的是，母親「不到一個月」就急忙和叔叔再婚這件事，他想不透母親為什麼要和叔叔結婚，因為父親無論在身為丈夫、人品和才貌，以及君王這個角色上，都遠遠超過叔叔，如果父親是「美麗山腳下的草原」，那麼叔叔只不過是「骯髒的荒地」，如果要說和叔叔結婚的理由，哈姆雷特認為那都是因為母親葛簇特的情慾。

狂野的慾望啊！即使在中年女人的身體內，
也能引起慾望的火焰，這樣的情況下，

貞操自然如蠟燭一般融化。
即使到了以寒霜來冷卻情慾的年紀，
理智無法壓抑情慾，慾望之火熊熊燃燒，
熱情燃燒的年輕人無力抗拒沸騰的慾望，
就算投身於烈焰之中也無須感到羞愧。
（第三幕第四場）

和年邁的父親相比，叔叔如同「熊熊燃燒的青春之火」，他的火焰足以燃燒周遭的一切，即使母親曾經是賢妻良母，在靠近他的瞬間也被慾火所吞噬。哈姆雷特批評母親的慾望，並且感到不滿，接著開始批評所有女性，人們經常引用的名言：

---

16 讓我們先排除佛洛伊德惡名昭彰的伊底帕斯情結理論，這個理論分析了哈姆雷特對母親無意識的性愛情慾。

「弱者啊！你的名字就是女人。」就是他對女性容易屈服於誘惑的惡毒批評，在他看來，女人無法理智地控制自己，容易被肉體慾望所摧毀。如果母親沒有和叔叔結婚，他就沒有必要做如此惡毒的批評，母親原本可以守住貞操，卻未能做到，他責怪母親的這項「行為」。

哈姆雷特對女性的情感變化是戲劇性的，一開始曾經是愛的情感，因為母親再婚而變成失望和背叛，最終發展成仇恨，這種情感的變化和他對叔叔的態度形成鮮明的對比，他仇恨叔叔克勞地，並不是因為他毒殺父親的行為才突然產生，而是從一開始就仇恨他，克勞地的存在本身激起哈姆雷特的仇恨，因此才會稱他為「骯髒的荒地」。

仇恨和憎恨：存在和行為

我們有必要區分仇恨和憎恨的情感，嚴格來說，哈姆雷特對母親的情感不是仇恨，應該說是憎恨，即使考慮到情感經常快速改變、變化無常，以及兩者之間的界限常被忽略或打破，這一點仍然成立，正如喜悅和快樂、怨恨和討厭的情感不一樣，仇恨和憎恨也有明顯的差異。

大家應該都曾無緣無故地討厭或喜歡某個人吧，另一種說法是，毫無理由地討厭或喜歡某個人，純粹的喜歡很容易發展成愛，愛情哪需要理由呢？有人說愛情的有效期短則六個月，長則一年，曾經強烈的愛的情感冷卻後，也會變成平淡的情感或者漠不關心，然而，突然中斷的愛的情感很容易變成憎恨，發現深愛的人一直在欺騙並利用自己時，愛的情感就會讓位給背叛、憤怒和憎恨的情感。不是有「激情犯罪」這個法律用語嗎？當莎士比亞另一知名悲劇《奧賽羅》（*Othello*）的主角奧賽羅聽到妻子黛絲德莫娜背叛他時，他被憤怒沖昏頭腦，殺害了他所愛的妻子，妻子的背叛行為觸發無法控制的憤怒情感。

雖然有時會混用，但仇恨與憎恨之間確實有清楚的差異，這不是強度上的差異，而是概念上的差異，怨恨的情感強度如果增加，就會發展成憎恨；討厭的情感如果加劇，就會變成仇恨。怨恨就算加倍也不會變成仇恨，怨恨是對他人特定的「行為」所產生的情感，即使對某個人有好感，如果對方的行為太無禮，也會產生怨恨的情感，而什麼是無禮的行為？就是指偏離或違背人們所擁有的社會性、道德性期望和規範的行為，從這一點來看，怨恨可說是倫理性的情感，前提是能夠判斷人格實體的善與惡、對與錯，因此對於沒有人格的客體，我們不會使用怨恨這個概念，沒有人會說怨恨毛毛蟲、螞蟻或蟑螂，因為蟲子或昆蟲對於自己的行為並沒有自覺。那麼，看到蟑螂就驚恐萬分的人會如何表達這種情感呢？人們可能會說討厭或仇恨蟑螂，蟑螂並沒有對自己造成什麼特別的傷害，只是討厭蟑螂，蟑螂的模樣、觸角的移動和動作、吃地板上的髒東西，所有的一切都令人討厭，讓人感覺到不潔和骯髒，稍微碰到衣服，就會產生無法擺脫、有如被病菌感染的不快感，我們對蟑螂的仇恨，不是來自蟑螂的行為，而是來自蟑螂的存在本身，這樣的情感顯然不是道德上的情感，而是審美上的情感，從這一點來看，「憎恨蟑螂」這個說法並不合適，應該說是「仇恨蟑螂」。

讓我們來做討厭和怨恨的清單吧。我討厭黴菌，湖面上漂浮的餅乾袋、啤酒罐，還有路上的垃圾，這些看了就討厭，特別是看到某個人在路邊吐出或吐痰的穢物，簡直厭惡到想嘔吐。自賣自誇的人、過於死板的人、思想封閉的人、逃避責任的人，都顧人怨，和這樣的人在一起時會不舒服，無可選擇的話就只待一下子，然後尋找機會離開。有我憎恨的人嗎？有沒有我怨恨到，只要想到就心臟狂跳，令我憎恨的人物？我曾經憎恨擔任總統時的全斗煥和盧泰愚。

電影《令人討厭的松子的一生》（2006年）

「被打也沒關係，死了也沒關係，總比孤單一個人好。」

川尻笙原本不知道有松子這個姑姑，為了整理她的遺物，前往幾乎要倒塌的公寓，從鄰居口中所說的「令人討厭的松子」，了解到姑姑的一生。從爸爸偏愛病弱的妹妹開始，到她寄託心靈的所有男人，松子雖然全力去愛，結果卻總是被遺棄。即使在臨死之際，也沒有對生活放棄希望的松子，真的是令人厭惡的人嗎？

占父母的愛，松子從小就渴望被愛，這個原因讓她養成了渴望被周圍的人所喜愛的性格，雖然程度有所不同，但誰不想愛別人也被愛呢？問題是世人利用了她的善意。

開啟災難的第一個事件來自她的善行，她帶領學生去校外旅行時，問題學生洋一偷了旅館主人的錢，她為了平息事件並保護洋一，慌張之下替洋一頂罪，學校相關人員似乎知道她是無辜的，然而，當出現問題可能擴大的徵兆時，校方最終以解雇她來結束這件事，藉由把她變成罪人，學校得以維持外表的體面。在那之後，她的生活陷入類似事件的惡性循環，她為了支持有才華但貧窮無助的詩人，犧牲自己並辛苦工作，換來的卻是踢打和毆打，並且還被說都是因為她，自己才沒有成為成功的詩人。

就像這樣，事情若進行順利是自己的功勞，出錯的話就是她造成的，在這樣的男人中周旋，松子逐漸被推向更悲慘的境地。接著，她和詩人分手之後，不小心殺害了另一名和她同居的男人，這個男人不僅欺騙和剝削她，並且和其他女人另有家庭，但是當謊言被揭穿時，他厚顏無恥地把責任推到她身上，說一切都是她造成的，這起謀殺罪讓她入監服刑，刑滿後出獄，等待她的是更悲慘的現實壓力。越是悲慘，她的外貌就變得越令人厭惡，失去生活希望的她，不覺得有必要打扮和照顧自己，不洗臉也不洗頭，外貌自然變得醜惡，然後有一天，她遇到以前一起工作的同事，得到以美容技術來謀生的機會，心中的希望之苗開始萌芽，但是希望的嫩芽很快就被殘酷地踐踏，幾名不良少年經過她身邊時，看到她的模樣後產生仇恨，用球棒殘忍地打死她。

美麗的松子為什麼變成令人厭惡的松子？涂爾幹在《自殺論》中提出自殺的原因是社會壓力，為這個問題提供了線索。涂爾幹以對一個密閉容器施加壓力，以到達某個點容器會爆炸的科學事實來解釋自殺，這個世界上不存在完全幸福和平等的社會，但也不是每個人都一樣貧窮和不幸，不幸不是平均分配給所有的社會成員，而是集中在少數的弱者身上，這就是社會壓力，這樣的壓力迫使少數的弱者自殺。美麗和醜陋、愛與仇恨的關係也是如此，並非世上所有人都一樣美麗，並且都獲得相同的愛，儘管如此，每個人都有強烈的慾望，希望自己能比別人更美麗、更幸福，問題在於，能夠滿足這種慾望的資源極為有限，在這樣的社會中，一個人的利益是來自另一個人的損失，因此，世界變成慾望的戰場，為了爭奪有限的資源，發生慾望的矛盾和衝突。在這樣的過程中，貧者越貧、富者越富的現象更深化，因為擁有資源的人和缺乏的人相比，在競爭中位於更有優勢的高地，美麗的人變得更美麗，醜陋的人變得更醜陋，美麗的人最後會將醜陋的人推到更極端，為了自己的美麗，讓他人成為犧牲品，他者的醜陋是我的美麗，令人厭惡的他者讓被愛的我更有意義。

在《令人討厭的松子的一生》中，遇見松子的男人都從她那裡得到或大或小的幫助，只要有松子在，他們就不必為自己的錯誤負責；只要有松子在，他們就不必親自擤鼻涕，弄髒自己的手，他們不必擔心會有自我厭惡的狀況，只要仇恨松子就足夠。松子和妹妹的關係也是如此，父母忽視她對愛渴望，唯獨無微不至地照顧和疼愛病弱的妹妹，父母的心態或許是擔心如果關心松子，可能會讓已經夠可憐的妹妹感到失落，因此選擇更加忽視松子，光是疼愛妹妹是不夠的，父母為了證明對妹妹的愛，不得不仇恨松子。這不是很可怕嗎？連父母也利用女兒，甚至於強迫她犧牲，父母是世界的縮影，對某個人的愛，要用怨恨另一個人來證明。

松子愛過的男人都是無法真正愛自己的人，他們要藉由怨恨松子，才能夠愛自己。難道她的父母不是為了愛小女兒而憎恨大女兒嗎？包括那名立志成為詩人的男子在內，所有的男人都不完美，都有缺陷和不足，都是需要修補的瑕疵男人，這種不完美不必然是悲傷、怨恨或委屈的事，人不是神，怎麼可能完美無缺呢？如同那些有缺陷的男人，松子當然也不完美，如果說兩者之間有什麼不同，那就是她不找藉口，肯定自己的原本面貌，「我就是我，就長這樣，又能怎麼辦呢。」至於那些男人太過軟弱，無法如實承認自己的缺陷，那名業餘詩人雖然沒有成為詩人，卻認為自己生來就有天賦，擁有理想化的自我形象；那些一無所有的窮男人，也認為自己注定會有富裕且豐饒的生活，同樣有理想化的自我形象，像這樣的理想化自我形象如果被推翻，就會變成自我仇恨，他們應該對還沒有成功、沒有變得富有的自己感到仇恨，但是，因為他們太軟弱了，無法直視鏡子中的自己並且接受，於是將鏡子轉向別人，藉由可恨的不是自己而是其他人，來安慰自己。令人怨恨的不是我，而是松子。

詩人金洙暎充分掌握這種自欺欺人的機制，在他的詩作〈雲的守望者〉中，一開始是：「若是仔細審視我這個人／就會知道我過違背詩的生活。」日常中的自我並不是理想化的詩意自我。而在另一首詩〈某一天離開古宮〉中，他毫不留情地揭露理想自我與卑微自我之間的斷裂。

我為什麼只對微不足道的事憤怒
不是對古宮，不是對古宮的道德敗壞
而是對五十韓元的排骨湯只有肥肉而憤怒
小心眼地憤怒，對著像豬一樣的湯飯館老闆娘辱罵
小心眼地說髒話

從來沒有過光明正大地
為了那些被抓走的小說家
要求履行言論自由，反對派兵到越南的自由
為什麼我只恨為了收二十韓元
三番四次找上門的巡夜人

在詩中，詩人認為自己應該勇敢地站起來，正正當當地質問政府迫害言論自由，但是軟弱的他做不到，卻又無法坐視不管，於是捨棄大義，選擇一條比較容易的捷徑。有句話說「在南大門挨耳光，到東大門發脾氣」，他在氣勢逼人的古宮挨了耳光，卻只能向比自己弱勢的湯飯館老闆娘出氣。對他來說，湯飯館老闆娘不只是女店主，而是「像豬一樣的女店主」，被罵也是活該。詩人就像《令人討厭的松子的一生》裡的男人，為了安慰自己，將湯飯館老闆娘變成可恨的他者。

⑤ 女性仇恨論戰：何謂女性仇恨

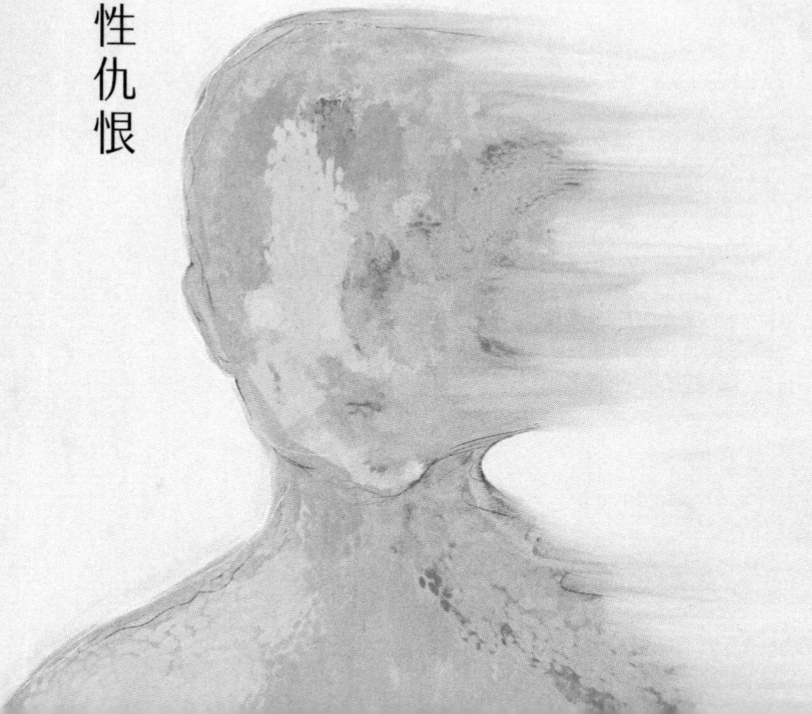

女性主義和女性仇恨

前面聚焦「討厭」和「怨恨」這兩個構成仇恨的要素，探討女性仇恨的問題。男性認為自己等同於理性或靈魂，並且傾向於透過女性來看待肉體，此外，不滿足於現況的男性，往往將不幸的原因歸咎於女性。

那麼，女性主義者所說的女性仇恨是什麼呢？男性所理解的女性仇恨，和女性所定義的女性仇恨，兩者之間的差異很難明確界定，二〇一六年五月十八日韓國江南站附近女廁發生的一起女性殺害事件，從不同角度所進行的攻防中，可以看出這種差異之大。犯人在女廁間等待，拿刀殺害第一個進入的女性，他在警察調查時吐露犯罪動機是：「不認識受害人，因為被女人無視，才犯下罪行。」單純因為討厭女人所以才殺人，相較於犯行本身，這樣的動機造成更大的爭論和風波。身為女人，早已無力抵抗在男性的權力和暴力下，所遭受的性暴力和性騷擾等，這起事件於是像自己所遭遇到的一樣，令女性害怕和恐懼。怎麼能夠以女性為理由而殺人！事件對女性整體造成的衝擊和憤怒太大，無法以個人事件來看待，當時，「女性仇恨」一詞成為口號，概括女性的各種情感，包含震驚、憤怒、悲傷、恐懼和抗拒等，在那之後，「這是不是女性仇恨犯罪」的問題引起熱烈的辯論，此外，「什麼是女性仇恨」這個問題的爭論也隨之擴大。

在韓國頗有名氣的《厭女：日本的女性厭惡》一書中，作者上野千鶴子將女性仇恨定義為男性不將女性視為與自己平等的性主體的態度。事實上，正如我們前面所看到的，這種態度是貫穿整個西方哲學，典型的男性優越觀念，那些不認為女性是和自己平等的性主體的男性，往往會將女性貶抑為劣等的他者，以及性慾的客體。例如，百濟的義慈王對待三千宮女的態度就是女性仇恨的本質，君王興致一來，可以不論時地召喚宮女，但是如果王沒有允許，宮女不能抬頭直視王，自不量力冒昧在王面前開口，就要有觸犯褻瀆罪，甚至被處死刑的覺悟，即使曾經受王寵幸，只要王沒有召喚就不能主動接近王，必須像蝸牛的新娘一般，只有在需要時待在身邊，不需要的時候隱身。我們能同意上野的這種診斷嗎？就算不是至尊的王者，擁有財富和權力的男性或許也享有這樣的特權，至於無錢也無權的男性能對女性進行這樣的貶低和物化嗎？

上野不是沒有預想過這樣的質問，因為有無數的男性對她所定義的女性仇恨提出類似的疑問，對此，她的回答極為結構主義，女性仇恨這個現象不是發生在意識的表層，而是在無意識的深海，是深入骨髓的習慣，或者說是慣習（habitus）。大部分的男人別說是鄙視女人，反倒是喜歡女人並急於獲得她們的芳心，上野充分知道這一點，但是她認為這種男性的關注和愛情不是將女性視為平等的人格體，而是視為性慾的客體，即使自認為尊重女性是人格體的男人，在父權制傳統下成長，男性優越態度早已不知不覺深深刻印，仍然無法擺脫，因為仇恨不是意識，不是情感，而是父權結構的問題。在這片土地上出生，受到男人要像個男人般成長的文化滋養，就已經足以將男人塑造為女性仇恨者，「為了取得身為男性的性主體，將蔑視女性放在主體認同的核心，那就是女性仇恨。」換句話說，「我不是女性」這個負面的自我定義，即為男性的本質。

《逃避人性》（*Hiding from Humanity*）的作者瑪莎．納思邦（Martha C. Nussbaum）的立場和上野千鶴子相同，納思邦認為，可以將女性仇恨視為對女性的物化，男性認為女性是滿足自己慾望的手段或工具，就像隨時可以買賣的商品，作為商品的女性沒有自律性、人格和主體性，隨時可以被其他商品替代。如果不是這樣，男人怎麼會認為踐踏、摧殘、侮辱和凌辱女性都沒有關係？男人真的是這樣嗎？納思邦在色情產業中找到了證據，色情產業是為了男性享樂，將女性變成性客體的戲劇性空間，這裡展現的女性只為了男性，專門為男性而存在。認為色情與現實完全不同，是不適當的，如果男性的現實與色情之間有差異的話，前者內在所固著的慾望，會藉由後者以戲劇性和赤裸的方式展現。此外，記者兼女性主義活動家羅賓．

摩根（Robin Morgan）甚至主張，色情是理論、強姦是實踐，若將性客體化有可能演變為強姦。

上野千鶴子和瑪莎．納思邦兩人所定義的女性憎恨，不是著重仇恨的情感，而是將焦點放在觸動的結構上，該追究的是性別歧視和權力結構，而非個人喜好的問題。有人指出，如果沒有考慮情感和結構之間的斷裂，就會錯失女性仇恨的本質。二〇一六年韓國大選期間，正義黨以Lunch樂團的歌曲作為競選歌曲，引發「女性仇恨」爭議時，樂團團長回應：「我不討厭女性，也有女朋友。」就是情感與結構斷裂的典型例子。

根據這種結構性的解釋，無論原因和動機為何，江南站附近發生的殺人案都應該被視為女性仇恨，行凶者如果不是將女性物化，如果不是將殺人作為發洩自己受辱的手段，怎麼可能會殘酷地殺害無辜的女性？雖然沒有那麼極端，但在地鐵車廂裡偷瞄女人的男人也是女性仇恨者，因為他們在心裡品評女人的外貌，判斷她們是否有魅力，如果沒有將女性物化，如何做品評呢？此外，儘管現在已經減少，但在過去看到開車不熟練的女性時，會揮舞拳頭說「待在家裡做飯吧！」的男性，這種態度也是女性仇恨，就像Lunch樂團團長一樣，這些人在面對女性仇恨的指控時，會辯解自己絕對不討厭女性、有喜歡的女朋友，或是已婚並有妻子和女兒。

因此，當女性仇恨開始被解釋為結構和制度問題，和個人的想法或情感無關時，所有男性都無法擺脫女性仇恨者的嫌疑，許多女性主義者已指出，將女性二分為天使或娼妓的態度，對女性貼上充滿虛榮心的「大醬女」或沒常識的「無概念女」等標籤的行為，都是典型的女性仇恨例子。但丁在《神曲》中藉由貝雅特麗齊呈現救贖的女性氣質，德國戲劇家歌德（Johann Wolfgang von Goethe）在《浮士德》（*Faust*）中讚美「永恆的女性氣質」，乃至於義大利畫家達文西（Leonardo da Vinci）透過蒙娜麗莎表達女性氣質，都是女性仇恨者。我們可以說，藝術本身，甚至整個文化都有可能被女性仇恨所汙染，即使是期待從女性那裡得到愛和慰藉的普通男性，也不例外。

基於這樣的理由，作家黃鉉產擴大女性仇恨的範疇：「仍然沒有改變的男性中心社會中，我們對母親、妻子、職場的女性同事、街上遇到的女性，甚至從未見過的女性，尤其期待有『女人味』，實際上都屬於『女性仇恨』。」[18]真的是這樣嗎？他的話在我聽來，不是在定義女性仇恨，更像是懺悔。

女性仇恨的真面目

以父權制的結構來解釋女性仇恨，究竟是否恰當？這種解釋的優點在於能夠一刀切斷並清楚地呈現纏繞且複雜的問題，然而，這種明確的一刀切定義，除非忽視議題的模糊和複雜性質，不然就不可能做到，同時結果也無法令每一個人都滿意。更重要的是，結構這個概念本身就極為模糊，什麼是結構？結構是看不見的社會運作原理。在人際關係中，可以定義為「在特定的社會關係中，在社會規範或

18 新聞報導，〈「女性仇恨」一詞的翻譯論——黃鉉產〉，《韓民族日報》二〇一六年九月八日。

框架下，依據地位和角色相互依賴且關聯的個體，可以採取的行動範圍和行為模式」，或者說是個人內化的行為和關係的支配規範。就像從基因來解讀，橡實會變成橡樹一樣，男孩和女孩在父權制結構下成長為男人和女人，男嬰穿藍色衣服，女嬰穿粉紅色衣服；男孩玩槍和劍，女孩玩洋娃娃長大。這樣的文化差異可以用父權制結構的結果來解釋嗎？這種文化決定論具有一定的說服力，是無可否認的事實，即便考量到有喜歡玩戰爭遊戲的女孩和喜歡玩洋娃娃的男孩，這個觀點仍具有解釋性別認同形成過程的優勢。

然而，我們不能忽視結構性解釋的致命弱點，亦即無法解釋社會變動。二十世紀中期之後，或許沒有任何社會變動比得上男女關係的轉變，是那麼的革命性和戲劇化，過去所生產的男性和女性結構，是否能用來解釋今日的男性和女性？百年前的社會若是和千年前的社會一樣，基本上都是父權制的話，現在也和百年前的父權制一樣嗎？儘管社會、經濟、政治上有許多變化，女性仇恨仍是歷史中不變的常數嗎？如果這麼認為，那麼，試圖去解釋男女的權力機制和歷史，可能會導致權力和歷史核心被消除。

意識到這種結構主義的限制，一些女性主義者尋求妥協，摸索如何接受範圍內的改變，卻不會徹底地摧毀結構論的本質。讓我們來看看肚兜的例子，傳統上的肚兜是沒有性別意義的白色，不知道從何時開始出現藍色和粉紅色兩種，現在則有黃綠色、咖啡色、黑白配色等，各種的顏色和設計推陳出新，「中性」（unisex）一詞不正在流行中嗎？然而，這種多樣的顏色並不能簡單地用男女二分法的結構來解釋，為了突破這種困境，方法之一是在男性和女性的構圖中增加第三性，在男性和女性這兩個極端之間，設置一個不屬於兩者又同時屬於兩者的中間地帶。舉例來說，中性好比紙牌遊戲中的王牌，是可以瞬間解決所有危機的萬能牌，是天外救星。

我認為如果不將女性仇恨放在歷史變遷的面向中，討論本身會變得毫無意義，過度的結構主義無法解釋為什麼女性仇恨會在二〇一五年成為主導韓國社會的情動，為什麼不是在父權制度牢固的過去，而是在面臨強力的社會經濟挑戰、父權制度搖搖欲墜時，女性仇恨的情緒才興起？——儘管許多女性主義者可能不同意這個觀點，在過去的父權社會中，女性仇恨被視為理所當然的自然法則，以至於不可能反駁，然而，當這種結構面臨挑戰並開始產生動搖和裂痕後，仇恨的情感才浮出水面。不曾察覺到的歧視成為意識的客體，這種意識化的意義再怎麼強調都不為過，因為在成為意識客體的瞬間，女性仇恨就完全暴露於批評、抵抗和顛覆的力量之下。曾經是仇恨主體的男性也是如此，反向的證據是女性仇恨不像過去那麼堅固，因為男性也重新意識到自己仇恨的行為，那麼，過去普遍的女性仇恨現在已變成地區和部分的現象，是必然的結果。

來看看性騷擾的例子，性騷擾在過去被認為是習慣，無論是加害的男性或是受害的女性，都沒有給予性別羞恥或侮辱的意義。近來韓國有一起事件，一名教授在上課時對一名女學生說：「到酒吧去倒酒，幹嘛來上課？」在這個即使對女學生隨口說出「妳真漂亮」都是性騷擾的時代，這種性暗示的言論自然不能置之不理，韓國國家人權委員會後來對這名教授做出懲處，這名教授可能會辯駁，自己有指導學生的正當理由，然而從女學生感到性羞恥這一點來看，沒有辯解的餘地。類似的例子不勝枚舉，這裡再介紹一個，一九七〇年代之前，老奶奶到國外旅行看到當地的小男孩覺得可愛，一邊說「讓我看看你的小雞雞」一邊要拉下男孩的褲子，結果被指控為性騷擾的事件不在少數。當時在韓國，年過八旬的老奶奶看到孫子年紀般的小孩，會覺得可愛而把手伸到他們的褲襠說「看看長大了沒」，完全沒有意識到是性騷擾，現在，這種過去的習慣若是被揭露，就會是嚴重的性犯罪。

男子氣概的衰退和女性仇恨

社會在迅速變化中，同時產生了過去所沒有的世代差異，驚人的科技和資訊發達之下，我們和父母的情感交流更困難，更別說是和祖父母，這是人類的改變跟不上技術的變化速度所致。所謂的「摩爾定律」是指，晶片上能置入的電晶體每十八個月會增加一倍，因此，二〇〇〇年代初期還在使用的磁碟片已經被ＵＳＢ取代，從我們的身邊消失。磁碟片進化為記憶體大幅提升的ＵＳＢ，但人類在誕生時所擁有的身體，一直到死亡都是同一副，無法跟上技術的變化速度，男女關係的變化也是如此，祖父母的世代、父母的世代，還有孩子的世代，在性別關係上經歷了革命性變化，並且仍在進行中，這時我們可以拋出這樣的問題：我們究竟是從誰的視角、哪個世代的視角，來看待男女差異？父母世代能夠理解「肉食女」或「草食男」等類似的新興社會現象嗎？過去被用來統稱未婚者的「未婚」一詞，不是就被排除價值判斷的「不婚」所取代了嗎？

在這裡提到世代差異，理由是因為女性仇恨和這樣的差異環環相扣，我們得記住廢除退伍軍人加分制度所引燃的女性仇恨論戰，當時參與爭論的大多是十幾和二十幾歲的男性，和網路、手機一起成長的十幾、二十幾歲男性，主要以Ilbe論壇網站為中心，散布女性仇恨的言論，而以Megalia論壇網站為中心的「男性仇恨」討論也一樣，相同年齡層的女性反擊著男性的女性仇恨言論。這些爭論的基本情感和廢除軍人加分制度的攻防戰並無太大不同，顯示年輕人顛覆了父權制下的性別角色，過去的男性長輩是父權制下名實相符的特權受益者，如今卻僅剩外殼，一些男性因此認為自己身為男性反而遭受不利，廢除軍人加分制度是廢除男性特權的象徵意義事件，許多加入女性仇恨的男性認為，女人奪走了這些特權還不滿足，仍然要求男人履行過去的責任和義務，女性仇恨背後的情緒不是男性優越感，而是挫敗感。

相信自己比女性處於不利地位的男性不在少數，即使不在職場上，至少在婚姻市場和性別比例上，這種不滿有一定的依據，因為和過去相比，現在的男性處於更不利的地位，「婚姻冰河期」或「單身共和國」等新造詞並非空穴來風。從統計數據來看，一九九〇年男女未婚比例是百分之二，到了二〇一〇年大幅上升，令人驚訝的是，男性的未婚比例為百分之二十．一，遠超過女性的百分之十一．八，女性的未婚比例在此期間增加六倍，男性則增加十倍。目前為適婚年齡、在一九八〇年代出生的男性和女性比為一百一十八比一百，預計到了二〇二八年，每一百名適婚年齡女性會對上一百二十至一百二十三名男性[19]，換句話說，每六名男性中會有一名找不到伴侶。對於男性來說，他們是生活在一個尋找人生伴侶像「摘天上的星星」一樣難的時代，對照過去長期以來偏愛男孩的習慣，這是多麼大的變化啊！一九八〇年代曾經有過對胎兒做性別檢查，若是女胎就終止妊娠的事，這種偏愛男孩的觀念，現在造成男性在選擇伴侶上處於劣勢，結果是放棄婚姻或戀愛的男性急速增加。

在解釋女性仇恨時，不能忽略男性認為「自己所處的位置沒有比女性有利或優越」的想法，當然，過去明顯有利於男性的社會性、制度性條件需要更多的改變，這樣的變化對於創造機會均等的社會極為必要。儘管這種變化具有正當性，對許多男性來說，喪失過去占有的特權地位並因此產生被剝奪感，這一點無可否認，此外，認為女性搶走應該屬於自己的特權，也可能對女性產生反感和憤怒的情感，同時也少不了自我憐憫，一方面是想到喪失過去的特權，就對目前的處境感到可憐；另一方面是決定再也不讓女性奪走屬於自己的東西。問題在於，這些複雜的情感是否會被壓縮並且化為仇恨。

19 報導，〈偏好男孩的後遺症……二〇二八年開始「結婚冰河期」〉，《朝鮮日報》二〇一六年十二月八日。

仇恨不是弱者的情感，而是強者的情感，表達的不是自卑感和挫敗感，而是優越感和自負心。弱者即使遭受不義，面對有力量的權力者不是感到仇恨，而是憤怒和憎恨，如果有力量的話，會想要以眼還眼、以牙還牙，反擊和報復加害於自己的權力者，遺憾的是他們沒有這樣的能力，無法轉化為行動的無力感導致憤怒，並且覺得屈辱，攻擊性衝動雖然在內心沸騰，卻無法向外釋放，只能在心裡發酵，因此不會消失，反而持續積累為典型的弱者情感——憎恨，他們無力改變現狀，只能希望對方遭受天打雷劈。這時，權力者可以察覺到弱者的這種情感，但是知道了也不在乎，因為他們很清楚弱者對於挑戰或報復既無力又軟弱。簡單來說，弱者是膽小鬼，弱者即使恨他們恨到骨子裡，也做不到起身對抗，因此沒有必要害怕這樣的膽小鬼。面對強大的對手時，他們可能會感到害怕，但面對無力的弱者只有輕蔑，忽視和蔑視就已足夠。

那麼，仇恨女性的男性不是弱者，而是強者嗎？總是躲在Ilbe網路論壇發表女性仇恨言論的男性真的是「魯蛇」（英文「loser」〔失敗者〕的諧音）嗎？會有男人自認為是魯蛇嗎？覺得自己是魯蛇的男性，實際上真的是魯蛇嗎？這些問題不容易回答。然而，可以確定的是，男性因為喪失過去的特權和優勢而產生的被剝奪感，正藉由女性仇恨來呈現，女性仇恨不是針對特定的女性表達個人的主觀情感，而是一種集體現象，反映出對於社會變化的回應，「他們被放置在幾年前登場的『魯蛇文化』這個重要的文化符碼框架中。」[20]這不是針對個別男性，而是整體男性，不是針對個別女性，而是整體女性所抱持的情感態度。從這個角度來看，某個特定的女性仇恨者是不是魯蛇，並不是正確的提問，重要的是，社會普遍認為男性正變得無力，若是沒有這種社會共鳴在背後支撐的話，他們怎敢發表女性仇恨的言論？就算敢也不會發展成女性仇恨的社會情動。

魯蛇文化的例子，可以參考二〇〇九年十一月，韓國KBS2電視台的綜藝

20 尹寶拉，〈Ilbe和女性仇恨：「Ilbe無處不在，卻又無處可尋」〉，《進步評論》第五十七期，二〇一三年。

愛德華・孟克（Edvard Munch），〈馬拉之死〉（1907）

紅顏禍水，殺害男人的女人

孟克的戀人杜拉・拉森（Tulla Larsen）不斷要求結婚，但過去失敗的戀情讓孟克深深不信任女人，最後決定拒絕求婚並分手。拉森試圖舉槍自盡，孟克在試圖阻止的過程中，子彈穿透手指而受傷。這一衝擊讓孟克在作品〈馬拉之死〉中，將自己比擬為法國大革命時期遇害的雅各賓派領袖馬拉，將拉森比擬為女刺客夏綠蒂・科黛，具現了殺害男性的女性形象。

節目《美女們的閒聊》中突然冒出的「男性魯蛇」發言。我非常訝異這件事會引發軒然大波，原本可以一笑置之的輕浮言論，卻造成強烈的反彈，如同「外貌至上主義」一詞被廣泛使用所代表的意義，外貌無疑是競爭和成功的重要因素，就算不是《美女們的閒聊》中發言的女大學生，任何人都可能說出：「身高是競爭力，矮小的男性是魯蛇。」更何況，那不是在一個認真且嚴肅的場合，而是在娛樂性節目中的言論。社會學研究中有不少論文實際分析身高與收入、社會成功之間的關聯，工作服務的對象越是陌生的大眾，高大男性成功的機率就越高於其他男性。這裡的重點不是女大學生平凡的發言，而是其所導致的強烈連鎖反應，如此敏感的反應本身即有跡可循。在男性社會地位堅固的社會中，這樣的話只會被視為開玩笑，但是，二〇〇〇年代的男性不再擁有那樣的從容，並且清楚自己也會因外貌而被評價，從這個角度來看，男性對魯蛇言論的反應不是仇恨，應該說是憤怒[21]。

考慮到這些社會情境，我認為「女性仇恨」這個詞不太恰當，應該說是憤怒或憎恨，而不是仇恨，「misogyny」與其翻譯為女性仇恨，翻譯為「女性貶抑」會更貼切。在父權社會中，女性貶抑來自於結構和制度，社會結構將女性視為低等的存在，然後內化為個人意識，再從言行表現出來，這就是女性貶抑的本質，「母雞啼叫就家破人亡」或「男人是天，女人是地」這樣的諺語，曾是構成現實的原則，當能夠確保男性優越的父權制支柱崩塌，男性也同時失去貶低女性的特權。維吉尼亞．吳爾芙在《自己的房間》中批評，歷史上女性一直扮演放大鏡的角色，讓男性看起來比實際上大兩、三倍，即使到了現在，許多男性仍然未能脫離這種被女性放大看待的習慣，他們不喜歡看見自己真實的樣貌，結果就是當感覺自己變渺小時，會莫名其妙地產生想要指責女性的衝動。

剖析女性仇恨：性物化

有不少學者認為女性仇恨的本質是性物化，將女性物化就是女性仇恨嗎？我不同意「物化或他者化是女性仇恨的必然條件」這種說法，因為物化或他者化是人類普遍的經驗構成，類似「我是我，我不是你」的簡單句子，已經預設主體和他者的對立。我所看到的他（她），既是我的經驗對象，也是他者。我們在他者圍繞中

21 值得注意的是，對於矮小的男性是魯蛇的言論，憤怒的不只男性，反而有更多的女性提出批評，因為女性長期以來就是社會中以貌取人慣例的受害者，並且已經內化為習以為常。

生活。

然而，這並不代表我們會將所有相關的事物或對象都視為他者。以父母為例，我們會將父母視為客體或他者嗎？當然，也是有這種可能。畫家在為父母畫肖像時，必須將他們某種程度上物化，但是在日常生活中，父母不會被客體化，因為他們屬於所謂的「我們」這個家庭共同體，朋友或鄰居也是如此，我們不會把他們視為客體，而是作為人格主體來看待，亦即朋友或鄰居。

原本在外面的他者進入我們的共同體之內時，在陌生的環境中，其他人會視他為客體，由於他是陌生的他者，所以我們會注意他的肢體特徵，例如外貌、表情和服裝，我們也必須判斷他是否是值得信賴的好人，他的外貌或言行可能會激起我們的仇恨感，如果他蓬頭散髮、渾身酒氣、步履蹣跚，大多數人都會皺眉頭，反之，如果外貌整潔、舉止有禮，就會給人留下好印象。經過這樣的過程，一旦他成為我們共同體的一員，我們就不再把他視為客體，他不再是他者，而變成朋友，一旦成為朋友，我們就不會以外貌來判斷他的一切，萬一他因為酒醉而失態，我們不會指責他，反而會想他可能有什麼委屈，並且為他擔心。

在和他者第一次見面的場合中，外貌特別的重要，因為我們會根據第一印象來判斷和評價對方，即使平時不在意穿著的人，在外地與陌生人見面時也會特別注意外貌，因為看得見的外表就是他們的全部，在這種情況下，就算不為了留下好印象，至少也會為了不想引起反感而打扮。

在過去的村落社會中，只有離開家鄉才會遇到陌生人，但是在現代都市中，他者的存在是生活的常態，我們甚至不知道鄰居是誰，也不想知道，大多數人認為認識鄰居很麻煩，並且盡可能保持距離，就算和鄰居不期而遇也盡量不打招呼，迅速迴避視線，人們希望陌生人不要干涉或參與自己的生活，別多管閒事，因此在大都市中的外貌和行為盡量保持低調，既不引人注目也不引起厭惡。在與陌生人的匿名關係中，外貌不正是一切嗎？總之，我們不希望成為別人好奇或仇恨的對象，換句話說，不希望被客體化。

在這種所有人都彼此匿名的環境中，我們不被視為個人，而是一種類型的存在，看起來幹練或粗魯、富有或貧窮，像學生或像公務員，甚至對於男性而言，福東的媽媽不是福東的媽媽，而是一名女性，亦即被視為性的對象，可能激起性的慾望。當然，慾望不必然僅限於性，對於扒手來說，身懷厚重皮夾的人是慾望的對象；對於傳教士來說，看起來單純的人是慾望的對象。

再次強調，就像對於第一次看到的事物會感到新奇，我們把陌生的他者視為客體，不關注看不見的心靈或人格，而是關注看得見的、進入視線中的外表，就這一點來說，可以說他者就是身體。然而，進入親近的關係之後，原本作為客體的他者占據了主體的位置，亦即開始了人格化的關係。在人格化的關係中，他者是和主體平等的對話對象，一直以來被視為「他」的第三者，變成了稱呼自己的「你」，當我提問時，對方會回答說：「我認為⋯⋯」並且回問：「那你呢？」曾經是單向的關係變成了雙向的關係。嚴格來說，只有陌生的他者才會被客體化。我不認識的女性，對我來說可能是性物化的客體。

一九九一年的著名電影《沉默的羔羊》（*The Silence of the Lambs*）中的一幕，

清楚呈現客體化和主體化的關係。某個聯邦參議員的女兒被殘忍的連續殺人犯綁架，她透過電視懇求犯人大發慈悲，含淚請求饒女兒一命，同時不斷地呼喊女兒的名字「凱瑟琳」，提醒女兒不只是一個女孩，而是有人格的存在。在大都市中，福東的媽媽是沒有名字的匿名存在，只不過是眾多女性中的一員，但是回到村莊後，就會變成有實名的存在，不是一個女人，而是福東的媽媽，以及某某的朋友和鄰居，成為可以自稱「我」的人格存在。

女性仇恨和憤怒，以及男性的受害者心態

前面提到廢除兵役加分制度點燃女性仇恨的論戰，由於女性反對給予服兵役者在公務員考試中加分，開啟了女性仇恨的論戰，男性一開始急於辯護，但是在加分制度被廢除之後，他們的態度變成攻擊和批評整體女性。當然，轉變的背景是男性不再擁有之前所享有的福利，導致了受害者心態。

兵役加分制度來自於應該給予完成國防義務的男性優惠，當兵的人和沒有當兵的人相比，無論是學業或就業都落後二到三年，為了給予補償，政府開始給予服完

兵役的男性在公務員考試中加分百分之二，在競爭激烈的公務員考試中，加分百分之二會左右上榜或落榜，具有非常大的影響力，這是個不公平的制度，對女性自然不在話下，由於各種原因無法當兵的男性，以及不必服兵役的殘疾男性也是如此。當時率先倡議並推動廢除加分制度的勢力，主要來自梨花女子大學的師生。最後，兵役加分制度在一九九九年走入歷史，但不是單純消失，而是留下激烈辯論的陰影，曾經受益於加分制度的男性，以及未受益的女性之間，形成敵對的戰線[22]。

那麼，廢除兵役加分制度為什麼會引發女性仇恨呢？讓我們再回到之前討論的男性魯蛇這個議題，如果仍然是由男性主導的父權社會，有可能點燃這樣的女性仇恨論戰嗎？我們都知道，過去的女性並沒有接受高等教育和進入職場的機會，

22 然而，不是只有女性批評兵役加分制度，包括殘疾男性在內，有不少男性也參與了廢除加分運動。嚴格來說，支持和反對加分的兩個陣營，並不是按照男性和女性的性別劃分，從這一點來看，將論戰化約為男性和女性過於簡單，儘管如此，為了凸顯這篇文章的主題，我還是選擇簡化的論述方式。

換句話說，男性沒有必要為了獲得更多的利益而和女性競爭。

那現在的情況如何呢？在二〇一五年的「國際學生能力評量計畫」（PISA）中，韓國的女學生不僅在語言和科學方面超過男學生，甚至連數學也是。此外，以二〇一五年為基準，一九七〇年代以後出生的女學生就讀四年制大學的比例比男學生高出百分之四，同一年的資料中，五級公務員的公開招考中女性合格率達到百分之四十八．二，考慮人口的性別比，女性在大學入學和公開考試中皆領先於男性。

在這樣的現實中，男性開始有一種過去享有的特權被女性奪走的受害者心態，接著有一些男性懷念過去的父權社會。當然，男性在就業機會上仍比女性有優勢，薪資也大幅超越女性，擔任國會議員或公司主管的女性屈指可數，社會仍然以男性為中心而運轉，依舊是性別不平等的社會，這一事實幾乎沒有人不知道，但是很少人採取行動，大多數人即使知道也裝作不知道，許多男性仍沉浸在自己——或者應該說是父執輩——過去獨占的特權被奪走的心理剝奪感中。換句話說，他們無法擺脫正在成為魯蛇這種苦澀的自我意識。

有句話說：「不是所有男人都是男人，有男子氣概才是真男人。」而「低頭的男人」這個形容也曾經流行一時。如果說男人必須有男子氣概，那麼低頭的男人就算不上是男人。過去，男人從原生家庭獨立出來組成家庭，扛起養家的經濟能力來證明自己的男子氣概，如果無法這麼證明自己，可能連成家的想法都沒有，不僅如此，就算成年後也得不到身為成年人的對待。因此，在這樣男性優越的父權社會中，應該不是兩性而是三性，最上層是有男子氣概的男性，中間是女性，以及最下層的無能男性，亦即沒有男子氣概的男性。

問題在於，隨著女性參與社會活動，所謂的第三性別，亦即沒有男子氣概的男性急劇增加，在這種現實下，誕生了「女性仇恨」和「魯蛇文化」等新詞語，魯蛇男性的失落感、挫敗感和自卑感，交織在一起成為女性仇恨。

再來看看最能代表女性仇恨的「泡菜女」這個詞，泡菜女是嘲諷女性不懂事又沒有知識的用語，「只關心權利卻忽視責任和義務的女性；不利時才高喊性別平等的女性；將男性視為錢的女性；女人可以、男人不可以，擁有雙重標準的女性。」[23]

愛德華・孟克，《聖母瑪利亞》系列（約1894～1895年）

或許是因為快樂的痛苦，她的嘴唇微張，像死屍般微笑

在柏林藝術家喜歡聚集的「黑豬」酒吧，孟克和他的同志們愛慕一名叫達格妮・朱爾（Dagny Juel）的女子，她最後卻選擇了波蘭劇作家普日比謝夫斯基（Stanislaw Przybyszewski）。孟克以達格妮・朱爾為模特兒所畫的《聖母瑪利亞》系列中，聖母瑪利亞是傳統畫作中常見的屈服姿態，但是手臂伸向背後、腰部以下模糊不清，增添身體的性感，此外，她的表情像美杜莎，呈現死亡的恐懼。在後來變為版畫的版本中（右圖），這一主題意識更為鮮明。

男性為什麼對這樣的女性不滿？我們不難在這些情緒的背後看到針對女性的受害者心態，在一個對女性有利的社會中，男性充其量只是配角，在這種無力感中，男性的自我意識扮演一定的角色，雖然有「連天上的星星都能摘下來送給心愛的女人」這個說法，但是對於無能的男性來說，這樣的要求顯得荒謬。對於男性極為有利的雙重標準，現在已成過去式。在過去，男性即使出軌也無妨，女性若是在外遇現場被抓到，甚至會被殺害。然而，在批評泡菜女的過程中，我們可以看到認為這種雙重標準現在對女性有利的男性，出乎意料的多。

對於什麼都沒有的男性來說，泡菜女的行為可能令他們感覺到殘忍，如果自己像波斯王子那麼富有，或許能滿足女性的所有願望，遺憾的是他們沒有這樣的能力，只能對自己的無能感到慚愧，並且對提出過分要求的女性感到憤怒。這時，男

---

23 金秀雅、金世恩，《「按讚」所創造的「討厭」的世界：分析臉書「女性仇恨」內容》，《媒體、性別與文化》第三十一卷第二期，韓國女性傳播學會，二〇一六年。

性可能抱持如果能像日本女人那樣，個性順從並且各付各的，那該有多好的虛幻希望。男性不是討厭和怨恨女性，只是怨恨那些無知女性的特定「行為」，這樣的男性處於一種困境，想要接近但女性不給機會，因為不夠格，女性仇恨就像《伊索寓言》中狐狸的酸葡萄心理，成為男性合理化和自我防衛的機制。

究竟有多少女性會過分要求男性做不到的事？這樣的女性不多，但是將所有女性都視為泡菜女的男性很多，深切感受到無力感的男性，尤其喜歡依靠這種一概而論，只要怪罪女性太過分就不必意識到自己的無能，因為可以用泡菜女這個名稱來批評在競爭中超越自己的女性。然而，為什麼男性認為自己應該比女性優秀？如果做不到就要責怪女性嗎？從對泡菜女的批評中，我們可以看到男性優越主義的遺緒，這可能是男子氣概神話消逝前最後的喘息。

女性仇恨和女性貶抑

我們再次回到前面曾經簡單提到的女性仇恨這個概念，要將其他文化和歷史下所誕生的「misogyny」一詞，轉換成我們的語言絕非易事，因為我們沒有和misogyny對應的詞語。首先是misogyny這個詞的特性，既不是可以明確定義的概念，也不是抽象的概念，更接近模糊不清的文化。廣義來說，misogyny指的是父權主義歷史和文化下所產生的習慣、語言、思想、態度、情感等的總稱，在男性視角中，「女性應該是這樣或那樣」的思考和期待也屬於misogyny的範疇，因為背離這種期待的女性會立即成為批評的對象。從這一點來看，將男性定義為「厭女者」（misogynist）也不為過，這是因為男性藉由自己不是女性的事實，進而以抗拒女性氣質的方式，來取得男子氣概。男性這個概念也不能抽離父權主義歷史和文化而思考，換句話說，男性和 misogyny 是共謀關係。

然而，我認為將男性本身定義為厭女者是不合適的，這樣的定義只不過是「男人就是男人」同義反覆的另一種語法，而且比同義反覆更有問題的是，煽動了不必要的敵意，將世界二分為仇恨女性的男性群體以及遭受仇恨的女性群體，如果前者是加害者群體，後者就成為受害者群體。這裡還有一個嚴重的問題，厭女者不遵循性經濟學的基本原則，有句話說「女性的敵人是女性」，不論這個命題的真偽如何，厭女者中有不少女性足以為證，韓國作者洪在熙在《那就是仇恨》一書中指出：「不是只有男性有女性仇恨，女性自己也會仇恨女性。女性內部對於不符合性別二分法的女性，也會有排擠、責怪和抵制的傾向。」

基於上述這些原因，越是試圖明確地定義厭女，就越面臨自相矛盾的困境，無論是翻譯為女性仇恨、女性貶抑、女性偏見、女性憎恨等，情況都好不到哪裡去。

女權主義者喜歡引用的一個例子是，有些男性會以「我多喜歡女人啊」來辯駁自己不是厭女者，但這正可說是典型的女性仇恨者。男性提出這種辯駁的主要原因在於「女性仇恨」這一詞語的強烈程度和密度，若說心生仇恨，就算討厭也不是普通的討厭程度，而是像石頭一樣堅硬的情感——當然不會有人認為自己有這種情感。女性主義者對如此辯解的男性有一個標準回答：「『女性仇恨』中的仇恨不是一般語意上的仇恨，因為喜歡女性的情感是將女性當作性的客體，仍屬於女性仇恨。」總之，她們致力於說服人們，無法單純以仇恨的情感來說明女性仇恨這個專業術語。

如果我們的語言中原本就有等同misogyny的女性仇恨這個概念的詞語，並且廣義來說被理解的話，就沒有必要反對「女性仇恨」這個詞，然而情況並非如此，所以我不贊成使用這個詞，尤其是在所有詞彙中選擇了強度最高的「仇恨」一詞。「女性仇恨」這個詞極具挑釁和煽動，甚至能引發原本不存在的敵意，一個光是聽到就能點燃心中怒火，像火焰一樣迅速擴散的詞語，有人甚至論斷女性仇恨已經充分融入娛樂產業[24]。換句話說，「女性仇恨」這個用語一方面是misogyny的譯語，另一方面也蘊含女權主義宣戰的意圖，在選擇這個詞時即須考慮到這樣的政治效果。江南站殺人案如果沒有被定調為女性仇恨，是否仍有可能演變成如此大規模的女性運動？女性仇恨是否仍會成為日常朗朗上口的用語？可能不會。在這一點上，「江南站殺人事件＝女性仇恨」的定義，發揮了絕佳的政治效果，這個詞成為核心點，將生活在韓國的女性所感受到的不便和痛苦，匯聚為集體的經驗。

女性仇恨已經發揮了絕佳的宣戰力量，基於這個理由，我認為應該以其他用語來取代女性仇恨作為misogyny的譯語，在二〇一六年展現極端的一面，未來我們要繼續堅持這種極端的立場嗎？我們應該以激昂的戰鬥語氣來維持作戰隊形嗎？我不這麼認為。男女之間不應是緊張的對立，結盟和妥協不是更有必要嗎？女性仇恨已經完成歷史使命，現在是否該退出舞台了？是否應提倡情感比較克制的女性貶抑？

如果說「女性仇恨」一詞接近煽動性口號，「女性貶抑」一詞有較強的倫理特性，要求態度上的轉變。在人類擁有的各種情感中，幾乎沒有像仇恨這麼難克服的情感，再怎麼解釋仇恨的對象其實是錯覺、幻想和誤解，仇恨情感也不會消失，即使理智上接受，仇恨情感仍然留存，「我知道，即便如此還是無法克制這種厭惡感！」仇恨是極為保守且審美的情感，反之，貶抑不是針對別人的直接和審美反應，而是經過觀察後所做的道德判斷，如果沒有做判斷，就不會有貶抑的情感。因此，一直以來以各種原因貶抑他人的人，一旦發現其實並非如此後，先前的貶抑情感和態度就會消失，也會因為誤解別人而後悔，甚至可能產生敬佩之情。不是有句話說，天才和傻瓜只有一線之隔嗎？找不到比蘇格拉底（Socrates）更能展示這種反轉的人物了，當時以俊美著稱的阿爾西比亞德斯（Alcibiades）初見那醜陋而寒酸的外表直接蔑視，但是當他聆聽蘇格拉底智慧的話語時，不知不覺充滿尊敬和敬畏。

那麼，在這一點上，我們應該思考以下的問題：被稱為女性仇恨者的男性，他們對女性的情感是直觀和審美的嗎？還是道德的？例如「大醬女」是審美的反應

---

24 IZE Books編輯部，《二〇一六年女性仇恨娛樂》，IZE Books，二〇一六。

嗎？還是仇恨反感或道德判斷呢？我當然認為是道德判斷的結果，他們不是一視同仁仇恨女性，而是針對不符合他們希望和期待的女性，將之貶低為「大醬女」或「泡菜女」。想想看蘇格拉底的時代，他身處的雅典社會對女性有嚴重的偏見和貶抑，亞里斯多德甚至稱呼女性是「不完全的男性」。

然而，蘇格拉底不是受男性優越主義偏見所左右的人物，他結識了名叫迪奧蒂瑪（Diotima）的女性，仰慕她的智慧，並從她那裡獲得關於愛的本質的寶貴教導。換作是其他人，可能會因為女性自不量力膽敢教導男性而憤怒。此外，如果一個男人無法擺脫女性應該待在家庭的觀念，有智慧的女性在他眼中會是可恨的人，因為比自己聰明的女性令人討厭，這些男性對女性的情感不是仇恨，應該說是反感或貶抑才對，不是女性仇恨，而是女性貶抑，因為不同於仇恨，一旦了解女性的真實樣貌，這種情感可以被修正並消失。

走出去

必須顛覆仇恨的結構

仇恨是和身體的生理反應直接相關的情感。對於危害生命延續或有毒的事物，身體藉由不適反應而排除到體外；對於生命延續有益的營養事物，不會成為仇恨的對象。身體會吸收外部的他者，也會排斥進入體內的他者。前者是好的、美麗的、善良的；後者則是討厭的、醜陋的、邪惡的。

人類和動物不一樣，不會只滿足於單純的生存，不僅是「生存」（being），而是「美好的生活」（well-being），不光是賦予的生活，而是「我」想要的美好生活，

「符合我」的生活。自我主體性的維持和提升至關重要，因此當他者威脅到我們的主體性時，仇恨這個情緒機制就會開始運作，否定、排斥進而消除他者。

仇恨感是針對和我不同或者和我對抗的他者，成為守護自我主體性的堡壘，如同受毒物汙染一般，生活因絕望、貧窮、痛苦、醜陋而走樣時，我們會陷入憤怒和挫折，且不會置之不理。吃到壞掉的食物，身體不是會作嘔，透過嘔吐中樞將腸道裡的東西往上推擠進而吐出嗎？這是身體為了恢復「好的生活」所展開的行動。蜥蜴會切斷受傷的尾巴，駱駝會甩開壓在背上的沉重負擔，前者若是自我仇恨，後者就是對他者的仇恨。

如果對於同一邊的夥伴所懷有的情感是憐憫和同情，那麼被視為敵人的人則成為憎恨和仇恨的對象。當然，這種朋友和敵人的區分無法完全解釋情感上的差異，朋友當中會有權力比我強的人，也會有和我相等或比我弱的人，處境和我相似的朋友發生不幸，我們會感到憐憫，若是處境比我差則會感到同情。反之，力量和我相等或更強的敵人，我們會咬牙憎恨，也因為是不可小看的對手，所以不會輕蔑或仇恨他們，只有那些忽視也沒關係的人，才會成為輕蔑或仇恨的對象。

敵我之分一方面是社會性和政治性，另一方面是極為個人性和主觀性。即使在蓋世太保瘋狂追捕猶太人的時期，也不乏將猶太人視為朋友，保護並協助隱藏的德國人。政府的敵人不代表就是我的敵人，有不少德國人認為蓋世太保才是敵人，而不是猶太人。另一方面，即使敵人擁有的權力比自己強大，也不必然會懷有憎恨的情感，除非認為自己在道德上比敵人高，才有可能仇恨對方的不道德行為，一般市民不是就會仇恨政治和權力者嗎？

如果沒有不幸，就不會有仇恨或憎恨，也不會有輕蔑的情感，就像飢餓的豺狼遊蕩尋找獵物，不幸的人也尋找身邊可以轉嫁痛苦的對象。韓國不是有句俗語說「狗眼只看得到屎」嗎？疼痛的話，再不濟也能咒罵幾句來得到安慰，極度貧窮和悲慘時，與其坐著不動，不如把一切都怪罪給別人，至少可以減輕貧困的屈辱。

仇恨的政治性原因，是因為選擇比自己弱小且好欺侮的對象作為目標，作用的機制是典型的製造替罪羔羊，並且拿到最好、最大的那一份（the lion's share）。還有所謂的切蛋糕（cake cutting）賽局理論，貪心的人會為了自己的利益，切下比較大塊的蛋糕，在這個狀況中，想像這個蛋糕代表生命、幸福、財富、健康和美貌，蛋糕邊緣則被死亡、不幸、貧窮和疾病所汙染。仇恨的起源是生理的機能，吞下甜的、吐出苦的；汲取美味、吐出殘渣，這是動物的本能。對於弱勢少數的仇恨，就是這種生理機制政治化後的結果，強者從生活中獲取幸福，留給弱者的是不幸的殘渣，或者說像德古拉一樣，從已然不幸的弱者身上吸取營養，如此一來，弱者就會變得更令人仇恨。

直到最近，男性優越主義和女性仇恨，都是男子氣概和女性氣質不公平分配的產物。借用美國哲學家約翰・羅爾斯（John Rawls）的「原初狀態」假設來說，最初有男人和女人，各自有個別的和相對的差異：有些人優越，有些人劣等，有些人強大，有些人脆弱，有些人積極主動，有些人消極被動。準確地說，每個人都擁有這樣的雙重性，人不是單一體，而是複合體，當個別的差異被性別差異所取代，就形成了父權制。父權制是什麼？就是在主動與被動、理性與感性、攻擊與防禦等，多種材料組成的名為人類的蛋糕中，男性挑選符合自己口味的部分，將剩下的留給女性的制度安排。

如果沒有不公平分配的邏輯，就不會有仇恨食物。以辣牛肉湯和狗肉湯為例，富裕階層可以食用昂貴牛肉所烹製的辣牛肉湯，俗語說：「看起來好的東西吃起來也好。」說的就是富裕階層，他們坐在華麗的餐桌上，優雅品嚐裝在漂亮碗盤中的食物。然而，窮苦的庶民既沒有這樣的時間和經濟餘裕，連取得不發臭的新鮮肉品都很困難，因此不得不加入大量的蒜頭、辣椒粉、鹽巴等強烈的調味料，庶民穿著汗臭又破舊的衣服，必須匆匆吃完便宜砂鍋中的狗肉湯，趕快出去工作，如果這看起來令人仇恨的話，那是富裕階層，特別是歐洲他者的眼中如此。如果沒有歐洲人以自己的文明和文化為標準，沒有採取歐洲中心主義視角，狗肉湯就不會被貼上仇恨食物的標籤。

仇恨是政治不正確的，因為是強者和多數的特權情感，或者說是那些本身是弱者，心理上卻認同強者，極為排他的情感。有句俗語說：「大臣家的狗也扮演大臣的角色。」如果大臣藐視無錢無勢的庶民，僕人也會是傲慢的態度，這麼做能產生隱密的自我滿足感，藐視窮苦的庶民，能夠嚐到自己也是大臣的滋味，即使非常短暫。

仇恨是不民主的，因為是強者輕視弱者，多數輕視少數，如果沒有這樣的權力位階，仇恨就不會產生。此外，這樣的不平等有延續的傾向。人們不是藉由仇恨少數他者，享受甜美的快樂嗎？在這一點上，仇恨和憤怒的情感不一樣，憤怒不會停留在對不公正的自覺，而是會伴隨強烈的導正意志，並且可能轉化為行動，然而，仇恨將採取行動的可能性轉化成極為主觀的快樂。

我將以序言中提過的內容來結尾。

仇恨最大的危險在於使語言變得毫無意義的這個特性，我們甚至討厭想起那些引起仇恨的對象。思考的缺席不就是語言的缺席嗎？當語言走到死巷子的盡頭，仇恨開始產生。在這一點上，仇恨的語言不是言詞，而是接近反射性發出的「噁」或「呸」等本能的叫喊，如同吐痰的聲音。大家都會說避開狗大便不是因為害怕，而是怕髒。我們不會把仇恨的人當作人來對待，哪裡有人會和狗講道理！我們甚至不想和仇恨的人搭話。

從這一點來看，仇恨是將對方動物化的情感，將對方視為和我本質上不同的他者、低等的他者、動物性的他者，反之，同情、憐憫和愛的視角，能夠將曾經被我們動物化的他者，重新人格化。前面探討了狗肉湯如何變成仇恨食物，然後又回歸傳統食品的過程，補身湯被加上仇恨的印記，曾經引起國民的反感和憤怒，我們不應該以仇恨來回應仇恨，而是要以憤怒來抵抗並顛覆仇恨的結構。如果仇恨是一種政治起源被遺忘並且美化的情感，因此變得極端保守，那麼，憤怒就是一種政治情感，抵抗這樣的暴力起源。序言中提到「三個人要把一個好好的人變成傻瓜，易如反掌」的俗語，便是多數人的暴力將少數人變成仇恨的對象，不僅如此，多數人只要一有機會，就會藉由表達仇恨來炫耀自己的特權和權力，並且產生想要反覆確認的衝動，我們應該竭盡全力來抵抗這樣的惡性循環。

人名簡介

查爾斯・達爾文Charles Darwin（1809~1882）

主張進化論的英國生物學者。出生於英國知名的醫生世家，從小對植物學、生物學、昆蟲學有濃厚的興趣，曾經就讀愛丁堡大學醫學院，後來退學，為了學習神學而進入劍橋大學，卻迷上地質學和生物學。接著在一八三一年獲得機會登上英國海軍測量船小獵犬號，歷時五年探索世界各地。特別是在加拉巴哥群島得到進化論的想法，並於一八五九年出版《物種起源》（*On the Origin of Species*）。達爾文提出的進化論，把人類從萬物之靈的位置上拉下來，對人類自尊心造成巨大的傷害，被評論為知識革命。

尚－保羅・沙特Jean Paul Sartre（1905~1980）

法國著名的存在主義哲學家暨作家。巴黎高等師範學院畢業，以第一名成績得到哲學教授資格，並且和第二名的西蒙・波娃（Simone de Beauvoir）結婚，以不受婚姻形式約束的契約婚姻而聞名。從哲學著作《存在與虛無》、《存在主義即人文主義》開始，到《嘔吐》等文學作品，廣為流傳。一九六四年獲頒諾貝爾獎，卻在否定一切權威的理念下，拒絕受獎，因此再次聲名大噪。

埃米爾・涂爾幹Émile Durkheim（1858~1917）

法國社會學家，讓社會學成為嚴謹科學學科的始祖。著有《分工論》、《社會學方法的規則》、《自殺論》等書。一八八七年開始在波爾多大學授課，一八九五年成為正教授，一九〇二年轉任索邦大學，並於一九一三年成為法國歷史上第一個創設社會學系的正教授。他在《自殺論》中，反駁當時的個人主義思想，強調社會對於個人施加的集體壓力，「脫序型自殺」概念被廣泛用於分析現代社會的弊病。

查爾斯・狄更斯 Charles Dickens（1812~1870）

十九世紀中葉英國的代表性作家。出生於貧窮家庭，即使家境不寬裕沒有上學，從十二歲開始就在工廠工作，後來仍當上法院速記員、報社通訊員等，並且開始寫小說。一八三八年發表《孤雛淚》（*Oliver Twist*），一舉成為知名作家，小說作品包括《小氣財神》（*A Christmas Carol*）、《艱難時世》（*Hard Times*）等，還有記錄從兒時到成為作家的自傳體小說《塊肉餘生記》（*David Copperfield*）。

維吉尼亞・吳爾芙 Virginia Woolf（1882~1941）

身為哲學家兼《牛津國家人物傳記大辭典》（*Dictionary of National Biography*）編輯萊斯利・史蒂芬（Leslie Stephen）的女兒，在身邊都是維多利亞時代最傑出的知識分子環境中，接受父親的教育而成長。一八九五年母親去世後出現的精神疾病症狀，在一九〇四年父親去世後惡化，餘生飽受折磨直到跳入歐塞河自盡。她在父母去世後搬到倫敦，成為以弟弟阿德里安・史蒂芬（Adrian Stephen）為中心的精英團體布魯姆斯伯里派的一員，並且撰寫文學評論。一九一二年和政治評論家倫納德·吳爾芙（Leonard Woolf）結婚。她致力於女性主義，在《自己的房間》（*A Room of One's Own*）一書中主張女性從事智力工作，最需要的是自己的空間和經濟能力。其他代表作包括《戴洛維夫人》（*Mrs. Dalloway*）、《航向燈塔》（*To the Lighthouse*）等。

阿圖爾·叔本華 Arthur Schopenhauer（1788~1860）

提倡悲觀主義的德國哲學家。父親是富裕商人、母親是藝文家，他違背父親希望他成為商人的心願，就讀人文科學高中，後來進入醫學院，最後轉向哲學。他在一八一八年出版的《作為意志和表象的世界》一書中，否定現象的背後存在意志這樣的實體，以及基督教的來世觀點，將現象理解為對生活的盲目意志，展開極為悲觀的哲學。

奧托・魏寧格 Otto Weininger（1880~1903）

出生於維也納奧地利的思想家，一九〇三年大學畢業後，將畢業論文擴展成《性與性格》一書，隨即於出版後自殺。他仇恨女性，將女性定義為動物本能的集合，讚揚男子氣概能克服並超越這種動物性。

上野千鶴子（1948~）

日本著名的女性主義社會學家，取得京都大學社會學博士學位後成為該校的教授，著有《九〇年代的亞當和夏娃》、《父權制與資本主義》、《民族主義與性別》等多種女性主義著作，在《厭女：日本的女性厭惡》一書中批評男性根深柢固的女性仇恨。

參考文獻

강준만，《한국 근대사 산책3：아관파천에서 하와이 이민까지》，인물과사상사，二〇〇七。（姜俊晚，《韓國近代史散步3：從俄館播遷到移民夏威夷》）

김소진，〈처용단장〉，《열린 사회와 그 적들》，문학동네，一九九五。（金昭晉，〈處容斷章〉，《開放社會與敵人》）

김수아、김세은，「『좋아요』가 만드는『싫어요』의 세계：페이스북『여성 혐오』페이지 분석」，〈미디어，젠더&문화〉제31권 제2호，한국여성커뮤니케이션학회，二〇一六。（金秀雅、金世恩，《「按讚」所創造的「討厭」的世界：分析臉書「女性仇恨」內容》，《媒體、性別與文化》第三十一卷第二期，韓國女性傳播學會）

김수영，〈구름의 파수병〉，《거대한 뿌리》，一九七四。（〈雲的守望者〉，金洙暎詩選：《巨大的根》）

김수영，〈어느 날 고궁을 나오면서〉，《거대한 뿌리》，一九七四。（〈某一天離開古宮〉，金洙暎詩選：《巨大的根》）

김수원，「사회적 차별，혐오 범죄 그리고 인권」，〈圓光法學〉제25권 제3호，원광대학교 법학연구소，二〇〇九。（金洙元，〈社會歧視、仇恨犯罪與人權〉，《圓光法學》第二十五卷第三期）

Nathaniel Hawthorne, *The Scarlet Letter*, 1850.（霍桑，《紅字》）

Daniel Arasse, *Histoire du corps: De la Renaissance aux Lumières*. 1, 2014.（《身體的歷史1：從文藝復興到啓蒙運動》）

Dante Alighieri, *La Divina Commedia*.（但丁，《神曲》）

Marvin Harris, *The Sacred Cow and the Abominable Pig: Riddles of Food and Culture*, 1987.（馬文・哈里斯，《聖牛、劣豬：糧食與文化的謎題》）

Martha C. Nussbaum, *Hiding from Humanity: Disgust, Shame, and the Law*, 2004.（瑪

莎・克雷文・納思邦，《逃避人性：噁心、羞恥與法律》）
Mary Douglas, *Purity and Danger: An Analysis of Concepts of Pollution and Taboo*, 2003.（瑪麗・道格拉斯，《潔淨與危險：汙染與禁忌概念分析》）
민사군정감실계엄사편찬위원회 편저，《계엄사》，육군본부，一九七六。（民事軍政府戒嚴史編纂委員會編著，《戒嚴史》）
박완서，《미망》，세계사，二〇一二。（朴婉緒，《迷惘》）
박완서，二〇〇四。《한 말씀만 하소서》，세계사。（朴婉緒，《請您說一句話》）
Virginia Woolf, *A Room of One's Own*, 1957.（維吉尼亞・伍爾芙，《自己的房間》）
Sherwin B. Nuland, *How We Live: The Wisdom of the Body*.（許爾文・努蘭，《身體的智慧》）
송기원，〈아름다운 얼굴〉，《아름다운 얼굴》，문이당，二〇〇六。（宋基元，《美好的面孔》）
Arthur Schopenhauer, *The Wisdom of Life*, 2004.（叔本華，《人生的智慧》）
Aurelius Augustinus, *Confessions*, 1952.（奧古斯丁，《懺悔錄》）

아이즈 편집부，《2016 여성 혐오 엔터테인먼트》，아이즈북스，二〇一六。（IZE Books編輯部，《二〇一六年女性仇恨娛樂》）

Emile Durkheim, *Suicide: A Study in Sociology*, 2002.（涂爾幹，《自殺論》）

Otto Weininger, *Sex and Character: An Investigation of Fundamental Principles*, 2005.（魏寧格，《性與性格》）

上野千鶴子，女ぎらい，二〇一〇。（《厭女：日本的女性嫌惡》）

윤보라，「일베와 여성 혐오：『일베는 어디에나 있고 어디에도 없다』」，〈진보평론〉제57호，진보평론，二〇一三。（尹寶拉，〈Ilbe和女性仇恨：「Ilbe無處不在，卻又無處可尋」〉，《進步評論》第五十七期）

Min Jin Lee, *Free Food for Millionaires*, 2007.（李珉貞，《百萬富翁的免費食物》）

이정념，「혐오 범죄의 개념과 그 속성，입법적 고려사항——독일의 최근 입법논의를 중심으로」，〈경찰법연구〉제13권 제1호，한국경찰법학회，二〇一五。（李正年，〈仇恨犯罪的概念、特性和立法考量事項：以德國最近的立法討論為中心〉，《警察法研究》第十三卷第一期，韓國警察法學會）

Jacques Le Goff, Nicolas Truong, *Une histoire du corps au Moyen-Âge*, 2003.（《中世紀身體的歷史》）

Jean-Paul Sartre, *La Nausée*, 1983.（尚─保羅・沙特，《嘔吐》）

Jules Renard, *Poil de Carotte*, 1894.（儒勒・何納，《紅蘿蔔鬚》）

Charles Darwin, *The Expression of the Emotions in Man and Animals*.（達爾文，《人與動物的情感》）

Charles Dickens, *Hard Times*, 1920.（狄更斯，《艱難時世》）

Dickens, *The Old Curiosity Shop*, 1990.（狄更斯，《老古玩店》）

Dickens, *Bleak House*, 1920.（狄更斯，《荒涼山莊》）

Toni Morrison, *The Bluest Eye*, 1972.（摩里森，《最藍的眼睛》）

Thomas Edward Lawrence, *Seven Pillars of Wisdom*, 2015.（勞倫斯，《智慧七柱》）

Plato, *Symposium*, 1966.（柏拉圖，《饗宴》）

Harper Lee, *To Kill a Mockingbird*, 2010.（哈波・李，《殺死一隻知更鳥》、《梅岡城故事》）

Homer, *Iliad*, 1965.（荷馬，《伊里亞德》）

홍성원，《남과 북》，문학과지성사，二〇〇〇。（洪盛原，《南與北》）

홍재희，《그건 혐오예요》，행성B，二〇一七。（洪在熙，《那就是仇恨》）

Klaus Theweleit, *Männerphantasien*, Basel/Frankfurt am main: Verlag Roter Stern, 1977.（克勞斯・特韋利特，《男性幻想》）

William Butler Yeats, "Sailing to Byzantium", *The Tower*, London: Macmillan, 1928.（葉慈，〈航向拜占庭〉）

國家圖書館出版品預行編目（CIP）資料

扭轉仇恨值：5堂課教你放下厭惡情緒，轉換成正能量/金鐘甲著；
謝麗玲譯. -- 初版. -- 臺北市：臺灣東販股份有限公司，2024.10
224面；14.7×21公分
譯自：혐오：감정의 정치학
ISBN 978-626-379-589-1（平裝）

1.CST: 憎恨

176.52　　113012843

혐오: 감정의 정치학
Copyright © 2021 by Kim, Jonggab
All rights reserved.
Original Korean edition published by EunHaeng NaMu Publishing Co., Ltd.
Chinese(complex) Translation rights arranged with EunHaeng NaMu Publishing Co., Ltd.
through M.J. Agency, in Taipei.
Chinese(complex) Translation Copyright ©2024 by TAIWAN TOHAN CO., LTD.

扭轉仇恨值

5堂課教你放下厭惡情緒，轉換成正能量

2024年10月15日初版第一刷發行

著　　者　金鐘甲
譯　　者　謝麗玲
編　　輯　黃筠婷
特約編輯　何文君
美術設計　黃瀞瑢
發 行 人　若森稔雄
發 行 所　台灣東販股份有限公司
　＜地址＞台北市南京東路4段130號2F-1
　＜電話＞（02）2577-8878
　＜傳真＞（02）2577-8896
　＜網址＞https://www.tohan.com.tw
郵撥帳號　1405049-4
法律顧問　蕭雄淋律師
總 經 銷　聯合發行股份有限公司
　＜電話＞（02）2917-8022

著作權所有，禁止翻印轉載。
購買本書者，如遇缺頁或裝訂錯誤，
請寄回更換（海外地區除外）。
Printed in Taiwan

TOHAN